JN436984

채색된 삶의

한무웅 수필집

신아출판사

■ 머리말

인생은 물처럼 소용돌이치며 맴돌기도 하면서 흘러가듯 가슴속 깊이 잃고, 잊은 정감 있는 추억들도 마찬가지인 것 같다. 때로는 마음속에 묻히고 아름다운 산처럼 쌓인 이야기들의 무늬를 꺼내서 보여 주고 싶다.

늦게나마 틈틈이 쓴 글을 통해 지나간 기억들을 반추하면서 무엇인가 남기며 가고 싶은 소망이 새삼스레 떠올라 일을 저지른 것 같다. 다듬어지지 않은 문장들이 가득하지만 겪어야 할 산고가 아닐까 싶다.

사람은 누구나 좋든 싫든 많은 애환들을 간직하며 남몰래 웃고 울 것이다. 진통 없는 삶이 없듯 방황하면서 어둠속을 헤매이기도 했지만 글을 쓰며 아픔조차 다독일 수 있었다.

넋두리 섞인 정감과 감성으로 이해해주기 바라면서 글 쓰기를 독려해 준 친구와 지인들, 또 결혼 43주년 맞은 아내와 말없이 지켜봐 준 가족들, 그리고 출판을 적극 권고하고 책을 펴주신 신아출판사 서정환 회장님께 진심으로 감사를 드린다.

2014년 11월

常鹿 韓茂雄

차례

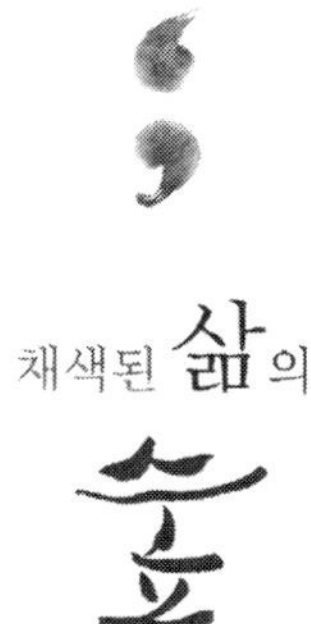

2부_ 감동적인 하모니

3부 _ 모악 사모곡母岳 思慕曲

4부_ 옛 동산에 올라 보니

5부_ 더듬어 지나온 길

6부_ 돈 맛과 인생의 의미

1부

온고을 유정有情

후백제 왕도의 혼과 기를 오늘에 되살려야

풍남문을 호남제일성이라고 부른다는 것을 아는 사람은 별로 없는 것 같다. 남쪽 현판에는 풍남문, 북쪽 현판에는 호남제일성이라 쓰여 있다. 옛날의 호남제일문은 풍남문, 현재의 호남제일문은 전주 인터체인지 쪽에 서 있다. '성'과 '문'을 혼동하고 부르는 사람은 없을 것이지만 분명 호남제일성은 현판에 써 있는 글씨대로 전주에 있는 풍남문이다.

내 고향 전주를 애정있게 보지 않는 이가 어디 있으리오만 대부분은 잊어버리고 사는 것 같다. 안타깝기만 하다. 그도 그럴 것이 날이면 날마다 일에 쫓기고 밀려오는 정보의 홍수 속에 살다보니 어쩔 도리가 없는 것이다.

생각해 보면 그 옛날 어린시절에 보았던 전주와 청장년 때 본 전주, 지금 오십대 후반에서 전주를 보는 눈과 감정은 아주 판이하다. 어릴 적 용머리고개에서 본 기린봉에 솟는 달은 정말이지 아름다웠다. 어둠 속에서 교교皎皎한 정월 보름달을 쳐다보면서 완산교를 나이만큼 밟고 다리 밑에서 불꽃놀이 했다. 소풍 때 높고 커다랗게만 보이던 남고산성터와 그 안에 있는 남고사, 수많은 인파들이 모여들던 덕진연못도 유명했다. 청장년시절엔 아름다운 녹원과 전원도시의 정취가 풍기는 사랑과 낭만이 깃든 뒷골목의 풍경들을 보면서 살아왔다. 이제는 콘크리트 속에 묻혀 있는 상가빌딩과 아파트가 숲을 이루며 발전된 도시, 옛모습들이 사라져 없어진 도시, 끝없이 이어지는 차량들이 붐비는 도시로 변하였다.

시대가 변하고 세대가 변하는 것이 당연한 현실이지만 자, 이제 어떻게 할 것인가. 진지하게 생각해야 할 때가 아닐까.

기린봉을 주산主山으로 좌우룡을 두고 전주천과 삼천이 흐르면서 아늑한 분지를 형성하고 북으로 넓게 펼쳐 있는 전주는 풍수상으로 길지에 속한 곳이며 후백제의 도읍지와 조선조의 발원지로 유적과 명소를 많이 갖춘 도시이다.

그런데 왠지 선조의 숨결과 기氣는 흩어져 버린 느낌이다. 왜 그럴까. 좌향坐向이 없기 때문이 아닌가 싶다. 애향 전주의 정신은 문화예술을 사랑하는 마음인데 이것을 올곧게 지켜 나가야 하고 펼쳐 나가야 할 필요가 있지 않을까. 우리 모두 이 고장 특유의 조상들이 남긴 문화유적과 명소들을 보호하고 새로운 문화예술분야에서 나름대로 다채로운 행사들을 하고 있는데 우선 문화유적 부문에서 주인

의식과 긍지로 미래에 대한 오늘의 좌향坐向을 세워 나가야 할 때가 아닌가 싶다.

그리고 백제문화를 꽃피워 일본에 전한 조상들의 문화예술 혼을 그대로 이어받아 후손에게 물려줄 문화유적과 명소들을 가꾸고 다듬어 발굴, 복원해야 할 필요가 절실히 요구된다고 하겠다.

그 한 가지 예로 옛 모습을 살리면서 현대미와 조화된 도시를 살리는 것이 중요하다고 보는데 현대화되어 가는 도시에 또 하나의 전주명물을 만들어야 하지 않을까 생각된다. 이제 후백제의 혼을 살려 전주의 명물 남고·동고산성을 복원하면 어떨까.

1899년대 전주의 모습을 사진에서 보면 동·서·남·북문 둘레의 뚜렷한 성곽을 볼 수 있는데 예부터 전주는 성곽으로 둘러싸인 곳이었음을 알 수 있다.

전주 서쪽 효자·삼천동에서 남고산과 중바위산을 보노라면 남고산성터 자취와 중바위산이 뚜렷한 모습으로 다가온다. 전주 동남쪽 관문이었던 남고산성은 5천 미터에 이르는 성곽으로 임진왜란 등 국난 때 중요한 요새로 전주를 수호해 왔음을 알 수 있다. 하루속히 남고·동고와 연결된 산성을 복원, 전주의 상징물을 만들어 후백제의 혼을 살려야 할 것이다.

산업화의 물결 속에 변하여 사라지고 없어진 관광자원들도 많지만 관광자원이 절대 필요한 시대가 오고 있는 것에 대비하여 하나씩 하나씩 없어진 문화유적과 명소들을 발굴, 복원해야 할 때가 아닌가 싶다.

후백제의 왕도, 천년고도 전주라고들 하는데 왕도답고 천년고도

다운 문화유적과 명소들을 하루빨리 발굴하고 복원해야 고도다운 전주가 될 것이다. 무대가 있어야지 관객을 끌듯이 관광자원이 풍부해야 관광객들이 찾아올 것 아닌가.

사라지고 없어진 옛 문화유적 등을 조속히 발굴하고 복원하여 신시가지, 만남의 광장, 전주종합영상랜드 등이 관광코스로 연계되기를 바란다. 그래서 어느 곳에서부터 시작하든지 후백제의 혼과 조선시대 흔적들의 볼거리와 만나고 먹을거리로 이어져 즐길 수 있도록 해야 한다. 옛날과 오늘이 조화된 전주의 이미지로 오래오래 남을 수 있도록 널리 알려야 할 것이다.

빈자리 빈 곳

눈부신 햇살 녹색 도심지의 6월에 메울 수 없는 빈 가슴을 안고 속앓이를 해야 한다. 정들었던 사람들을 떠나 보내야 하기 때문이다.

누구나 때가 되면 자기의 갈 길로 가기 마련이지만 어쩐지 정년을 맞아 떠나는 상사나 동료들을 볼 때면 속앓이는 더욱 심하기 마련이다.

헤어지고 만나는 게 인간의 삶이라 하지만 만나기는 쉽고 헤어지는 것이 더욱 어려운 것은 마음속 깊이 흐르는 어떤 끈끈한 힘의 작용일지도 모른다.

출근하면 매일 아침 만나야 할 동료들, 바로 그 자리 그곳에 동료가 보이지 않는다. 어디 아픈 것은 아닌가, 혹시 간밤에 사고라도 난 것은 아닌지, 가정에 어떤 일이 생긴 것은 아닐는지 하면서 바로 빈자리 빈 곳을 본다. 아, 그렇지 정년을 며칠 앞두고 휴가를 갔지. 정신이 혼란스러워진다. 가정에서보다는 직장에서 생활하는 시간들이 더 많았던 우리네 삶은 어쩌면 늘 가정을 잊어버리고 멀리하며 별들을 보면서 수많은 세월의 밤을 지새워 왔는지도 모른다.

정부산하기관, 기업, 은행 등 강도 높은 구조조정과 함께 앞으로 있을 지방공무원의 대대적 인사 태풍과 군살빼기 추진 등 보도를 신문 방송에서 하는 것을 보며 한 치 앞을 내다볼 수 없는 냉혹한 현실에 마음의 갈등을 느낀다.

빈자리, 빈 곳…. 세월이 지나면 잊혀가는 그리움들을 묻어버리고 그 자리 그곳에 곧 사람이 오겠지 하고 마음 달래며 빈 가슴을 채우려해도 스며오는 허전함은 어쩔 수 없다. 누구나 맞는 '정년퇴임', 썩 기분 좋은 단어는 아니다.

정년은 직장생활의 마지막이 아니라 새로운 사회생활의 시작이라 하지만 숱한 세월 속에서 희로애락을 느끼며 살아왔던 우리네 삶의 터전 아니던가. 애환 깃든 그곳을 떠나는데 기쁨보다 슬픔이 더한 것은 어인 일인가.

언젠가는 헤어져야 할 사람들. 떠나는 사람과 남는 사람 사이의 거리는 얼마나 될까. 세월을 기억하지 말고 망각의 묘지에 묻고 싶다.

“

온고을 유정有情

천년고도, 온고을 전주.

나는 이곳을 떠나 살 수 없을 것 같다. 내가 태어나서 자라 지금까지 지내온 곳이 전주 말고 또 어디 있었던가. 20대 젊은 시절 서울 가는 친구들에게 “나는 전주를 지키고 살겠다. 너희들은 돈 벌어 고향 찾아오라.” 했던 말을 되새김해 본다. 지금 60 후반 나이에 그 친구들을 만나게 되면 “너는 전주를 지키고 살고 있지만 우리는 아직껏 돈 벌어 고향을 찾지 못하고 있다.”고들 말한다. 이 말의 뜻이 옳은 말인가는 묻어두고 세상은 참으로 생각대로만은 되지 않는가 보다. 돈 벌어 고향에 온 친구들은 지금껏 단 한 명도 없었으니까. 이래저래 이유란 있기 마련인 것. 생활의 터전이 서울이요, 대부분 자식들이 서울에서 태어나 성장했고 교육을 받았기 때문에 돈 벌었

어도 고향에 못내려 온다는 것이 이유가 아닌가 싶다.

세상은 아주 편리해졌고 놀랄 만큼 많이 달라졌다. 39년 전 서울을 왕래하려면 얼마나 불편했던가. 고속버스도 없고, 기차도 여의치 않은 세상 아니었던가. 지금이야 2시간 30분 정도면 서울에 갈 수 있고 전국이 하루 생활권화되어가고 있는 판에 고향이란 아늑한 곳, 꼭 가야 할 곳, 어머니의 그리운 품속 같은 곳이 아닌지도 모른다. 개인주의가 앞서고 이익의 극대화만을 추구하고 황금만능으로 인간성 회복이 되지 않고, 현대병에 시달리는 우리는 마음의 고향을 잊고 사는 것은 아닌지. 타인에게 무관심하면서 스스로 마음의 문을 닫아놓고 마음과 마음의 연결고리가 끊어진 사회 속에서 용케 잘도 피하며 살아가고 있다.

고향이란 언제나 포근한 곳, 자신이 쉬고 잠들고 싶은 곳이 아닐까. 동심이 곧 고향이요, 동심이 풍부한 사람일수록 훌륭한 어른이라 했다던가.

지금과 같은 시대에는 감히 생각조차 할 수 없는 다가산에서의 딴(다른) 동네 패거리들과 무서운 돌싸움, 음력 5월 5일 단오절 전국적으로 유명한 덕진 연못에서의 물맞이 목욕, 반나의 몸으로 전주천 맑은 물에서 모래무지와 게를 잡던 일, 정월 보름날 동쪽 기린봉 봉우리에 둥근 달이 솟아 오르면 완산교와 서천교 사이 냇가에서 불꽃놀이를 하고 다리밟기를 시작한다. 가족이나 친구의 평안함을 함께 빌어주고 자기 나이 만큼 밟으면 한평생 병 없이 오래 살 수 있다는 풍습을 믿으면서….

생기있는 전주천이 달빛에 반짝이고 그래서 전주의 밤은 깊어만 갔는데 여러 모양새로 변화된 도시의 풍경들은 나의 가슴을 오래도록 울적하게 만들고 슬프게 한다. 그렇다고 떠날 수 없는 도시, 버릴 수도 없는 도시, 그래도 나는 동심을 오래오래 간직한 채 온고을의 볼거리와 먹거리를 자랑 삼아 전주를 지키면서 살고 싶다.

예부터 이 고장 선인들은 전주사랑이 유별나 볼거리와 먹거리의 8가지 사랑하기를 즐겨했다는데 전주팔경에는 기린토월麒麟吐月, 한벽청연寒碧晴烟, 남고모종南固暮鐘, 다가사후多佳射候, 덕진채연德津採蓮, 비비락안飛飛落雁, 위봉폭포威鳳瀑布, 동포귀범東浦歸帆과 전주팔미(파라시, 열무김치, 황포묵, 애호박, 모래무지, 게, 무, 콩나물)가 바로 그것이다.

전통문화와 예술의 향기가 짙게 풍기는 온고을에서 선조들이 누리던 자연풍경의 여유를 느끼면서 시대의 변화와 함께 8경과 8미도 사라져 간 것도 있다. 먹거리 이야기에 전주사람의 음식 손맛은 대대로 전해 내려와 입맛을 돋우다. 비빔밥, 콩나물국밥, 매운탕, 한정식 등 전주의 음식을 칭송하는 말로 4불여라는 말이 전해 오는데 수령이 토박이 서리만 못하고, 서리가 기생만 못하며, 기생이 판소리만 못하고, 판소리는 음식만 못하다(官不如吏, 吏不如妓, 妓不如音, 音不如食)는 말이 그 대표적인 말이 되겠다.

1996년 10월.

노을

4월은 생명의 등불을 밝혀주는 계절, 빛나는 꿈의 계절이라 노래했던가. 잔인한 달이면서 또한 환희와 희망의 계절, 사랑의 그리움이 싹트는 계절이기도 하다. 1998년 정부의 정치적 · 경제적 논리로 명예퇴직 아닌 불명예퇴직을 한 후 먼 바깥 나들이를 한 것은 손꼽아 몇 번 안 된다. 1년간 마음 고생하느라 못다녔기에 이번 만큼은 작심을 하고 4월 초 금년 첫 먼 나들이를 천년고도 경주로 정하여 떠났다.

여행의 진수는 혼자 해야 제맛이 나고 자신만의 공간과 시간을 갖고 해야 많은 것을 생각하기 때문에 설레는 가슴을 안고 떠났다. 경주여행은 공직생활 중 두 번째, 이번이 세 번째 나들이다. 찬란한 신라문화를 꽃피웠던 역사의 고장으로 노천 박물관이라 일컫는 수

많은 유적과 유물을 돌아보고 조상들의 숨결을 가슴 깊이 느끼며 돌아오게 되었다.

대구를 거쳐 오는 동안 고속버스 차창에서 본 저녁 노을은 정말 미의 극치가 아니었나 싶다. 서산 모퉁이에 걸려 있는 붉디붉은 석양과 노을이 어우러진 광경은 정말 아름다웠다. 꿈 많던 학창시절에 본 노을과 얽매인 공직에 몸담고 있는 동안에는 거의 볼 수 없었던 노을이 기억 속에 주마등처럼 지나갔다. 마음속에서 잔잔한 탄성이 절로 나오며 상기된 자신을 발견하고 흠칫 놀랐고, 많은 상념에 휩싸이게 되었다.

지금껏 퇴직후유증으로 가슴앓이를 해온 나는 계절을 배반하고 세월을 망각하고 살아왔는지도 모른다. 또한 자연의 아름다움을 잊고 메마른 가슴으로만 살아왔다. 차창 너머 이 아름다움을 혼자 만끽한 자신을 발견한 것은 사방에 어둠이 짙게 드리워지고 멀리서 가로등이 켜지기 시작하면서부터인데 마음속에는 안타까움이 일렁이고 있었다.

아름다움도 사랑하는 마음도 기쁨과 슬픔도 혼자가 아니라 부부가 함께하면 얼마나 여유가 있고 멋지며 행복할까. 그런 것을 늦게서야 깨닫게 되었기 때문이다. 아름다움과 기쁨을 같이 나누면 두 배가 되고 슬픔을 같이 나누면 절반으로 준다는데. 조상의 숨결이 넘치는 천년고도 경주, 관광도시로 관광객이 붐비는 경주를 여행하며 만감이 교차하는 것이었다.

이순의 나이에 황혼을 벌써 바라보다니. 인간은 누구나 인생의 황혼을 맞게 되는데 어떻게 받아들이느냐에 따라 빛깔이 달라질 수 있고 행 · 불행을 볼 수 있을 것이다. 욕심과 욕망을 버리고 빈 가슴으로 추억을 반추하면서 살아가면 인생은 한결 가볍고 무리없이 지나갈 것이다. 행복을 측정하는 가장 좋은 척도는 추억이라 말했다던가. 자신에게 늙은 시간과 마음 아플 틈을 주지 말고 살아야 한다.

청산은 나를 보고 말없이 살라하고 창공은
나를 보고 티없이 살라 하네 탐욕도 벗어 놓고
성냄도 벗어 놓고 물같이 바람같이 살다가 가라 하네

‘

’

라일락꽃을 기다리며

라일락 향기에 흠뻑 취할 수 있는 달, 4월을 기다린다.

해토머리에 들자 부지런한 뿌리는 언 땅이 막 녹아날 때를 맞추어 수액을 빨아올려서 싹을 틔운다. 잎이 자라고 꽃을 피워 환한 웃음꽃 향기를 내는 4월을 맞이할 속마음은 기쁘기도 하겠지 싶다.

라일락은 사랑하지 않을 수 없는 꽃이다. 가슴을 적시듯 사람들에게 향기로 선물을 주고 시인, 묵객들에게도 아름다운 수사로 표현되기 때문이다. 꽃말부터가 ‘첫사랑 연정’, ‘젊은 날의 추억’, ‘아름다운 맹서’로 사랑을 담고 있고 향이 좋은 나무라서 달콤하고 은은하며 품위 있는 향기를 지닌 꽃이다. 짙어 가는 녹음 사이에 하얀 꽃으로 향기를 듬뿍 담고 코끝을 찡하게 간지럽히는 꽃나무 중의 꽃나무라 느낀다. 꽃이 진다는 것은 슬프지만 꽃은 아름다움의 근원이기에 슬픔은 오래가지 않는다. 꽃은 다시 피어 사랑을 받을 터이니까.

꽃이 활짝 핀 곳에 아름다움이 있듯이 도시공원 조성이나 소공원 조성, 아파트 단지 조성 때 많이 심어 시각과 후각을 충족시키면 많은 사람들이 좋아할 것 같은데, 도심 곳곳에 많은 라일락 나무들이 눈에 띄질 않고 찾아보아도 찾기 힘든 게 늘 아쉬움으로 남아 있다.

올해 천년고도 온고을에서 40억을 투입하여 아름답고 쾌적한 도시 만들기로 도시 숲 조성사업을 펼친다 해서 이번 기회에 라일락 수종도 많이 심었으면 하는 간절한 마음을 시청 해당과와 푸른 도시 추진시민운동본부에 전달했는데 시민고충의 건의로 받아 주었으면 좋으련만.

10년 전의 일이다. 살고 있던 아파트 옆 동네 주택지 빈터 한곳에 잘 자란 라일락은 여인의 가슴처럼 풍만하고 둥글고 예쁜 모습으로 서 있어서 출퇴근할 때 짙은 향기를 맡으면서 흐뭇한 마음으로 다니곤 했다. 특히 늦은 저녁 술 한잔하고 귀가할 때면 흰꽃으로 감싸인 나무 아래서 한참 동안 아름다운 향기를 코끝으로 맡으며 술과 향에 취해 독백처럼 "인생을 아름답고 향기롭게."라고 되씹곤 했었다.

그런데 바로 1년 전 새로운 아파트로 이사를 해와 그곳을 찾기 전에는 그 모습을 보지 못하고 향기도 맡을 수 없게 돼 아쉽고 그리운 마음이 가득하다.

'인생을 아름답고 향기롭게'란 말이 무엇인가. 일상적이고 평범한 삶을 살아가는 나름대로의 낭만적인 사념을 통해서 표현을 하자면 몸매와 이목구비가 아름답고 향기로운 것이 아니다. 가슴속 깊이 흐르는 인간미, 정, 선하고 착한 마음의 아름다움을 갖는 것이 바로 그 해답이라고 하고 싶은데 소인이라서 그런지 인격이 안 갖추어져서 그런지 실천하지 못하고 번민 속에 매달린 채 시간은 자꾸 흘러만 간다.

지난 가을에 벼르고 별러 왔던 라일락나무를 새로 이사 온 15층 아파트 베란다 꽃밭에 심게 될 기회가 있었다. 우연히 도심 골목길을 걷다가 지인의 주택지 대문 앞 초라하고 보잘것없고 화단이라 하기엔 좁은 땅에 몇 포기의 알 수 없는 나무가 있었다. 그것이 라일락이란 말을 듣고 집주인에게 어렵게 부탁하여 조그마한 것 두 뿌리를 얻어 고층 아파트에서는 살기 어렵다는 말을 들으면서도 희망을 가지고 심게 되었다.

겨울 내내 죽은 줄로만 알았던 그 라일락이 이 봄에 잎이 트기 시작한다. 매일 아침 잎과 가지들이 커가는 모습을 보면서 잘 자라도록 사랑의 에너지와 애정 어린 따뜻한 눈길을 보내고 있다.

아내도 살지 못한다고 한 라일락, 기쁨은 표현해서 무엇하랴. 머지않아 베란다 꽃밭에서부터 거실을 거쳐 방 안까지 향이 풍기리라는 꿈을 꾼다. 새까맣게 어두운 밤 아파트 창문 밖으로 비춰 오는 형형색색의 찬란하고 아름다운 도시의 불빛 물결을 보면서 라이락 꽃을 기다리는 작은 소망을 키우며 산다.

인동초忍冬草처럼

푸른 하늘 속에 비친 가을이란 계절, 들녘에는 둥그렇게 쌓인 볏짚들만 보인다. 오색 단풍잎이 낙엽이 되어 길바닥에 깔리고 흩날리며 마음속에 허공처럼 아쉬움을 남기며 어디론가 사라진다. 가을은 사랑하는 사람과 밀어를 담아 내기도 하고 환희와 기쁨을 남기기도 하는 계절이다. 그런가 하면 외로움과 고독이 최고조에 달하기도 하여 마음을 괴롭히는 방황의 계절이기도 하다.

흘러가는 구름 속에 서산에 지는 해는 한 편의 미공개된 각본을 떠올려 글을 쓰게 한다. 잔잔하면서도 감동적인 선율을 듣고 싶다. 가을이 주는 특별한 선물이지 싶다. 지금 나무들이 다가 올 추운 겨울을 견디려고 한창 옷을 벗고 있는 중이다. 나뭇잎들과 이별해야 새봄을 맞을 수 있기 때문이다. 세월은 막히지 않고 왜 그렇게 빨리 출렁이며 흘러가는지 붙잡을 수 없는 거친 바람인가 보다.

어느 봄날이었다. 도시 자연환경 미화를 위해 오래된 하천을 복원하면서 인조화단을 만들었다. 그곳에 덩굴식물을 심고 있을 때 그 덩굴이 숱하게 말로만 듣고 보지도 못했던 인동초라는 말을 듣고 호기심에 가득 차 아파트 화단에 심고자 한 뿌리를 얻었다. 그런데 아직까지도 꽃을 피우지 않아 안타깝기 그지없다. 하루 빨리 꽃을 피워 기쁘고 즐거운 마음으로 바라 볼 수 있기를 간절히 바라고 있다.

인동초란 참을 인忍 겨울 동冬 풀 초草자를 쓰는데 인동과에 속하는 과목으로 덩굴식물이고 산에서 자생하며 생명력이 끈질기다고 한다. 한국, 일본, 중국 등지에 분포되어 있고 길이가 3m 내외로 줄기가 오른쪽으로 감아 올라가는 것이 특징이라는데 또 한편 왼쪽으로도 감아 올라 간다 하여 좌전등左纏藤이란 이름도 갖고 있다. 이것은 아마도 기후변화의 상황에 따라 좌우로 올라가 붙여진 이름이지 싶다. 효능은 종기, 이뇨, 감기, 당뇨, 관절통 등등 많은 종류의 약재로 쓰인다.

꽃말은 사랑의 인연, 부성애, 헌신적인 사랑을 나타낸다는데 꽃은 5~8월에 흰색으로 피었다가 나중에 노란색으로 변하여 금은화金銀花라고도 한다. 금은화의 유래는 옛날 금화와 은화라는 쌍둥이 자매가 살았는데 전염병이 돌아 언니 금화가 병들어 죽게 되자 동생 은화도 죽게 되었다 한다. 착하기만 했던 두 자매는 다시 거듭 태어나서 병들어 죽는 사람이 없게 하기를 바랐다. 동네 사람들이 자매가 죽은 후 장례를 치렀고 그 다음 해에 한 줄기 덩굴이 자라서 흰색과 노란

색 두 송이 꽃을 피워 자매의 바람대로 꽃, 줄기, 잎 하나 버릴 것 없는 귀한 약초가 되었다는 전설이 전해 오고 있다.

인동초는 줄기와 잎이 시들지 않고 겨울을 이겨 낸다고 하며 인내와 인고의 의미를 지녀 사람들이 좋아들 한다. 근래에는 개량종인 빨간색 꽃도 보이는데 향기는 재래종만 못하고 꽃 모양은 훨씬 예쁘게 보이지만 재래종이 순결하고 청초하다.

이제 곧 가을이 지나 얼마 있으면 도시 고층건물과 둘레의 산야는 물론 시골 풍경은 빈 들만이 보이고 겨울 뜨락에 눈이 쌓일 것이다. 혹한 속에서도 꽃이 피듯 인내하며 인고의 세월을 살다 보면 길고 추운 겨울을 참아내야 하는 인동초의 마음을 알게 될 것이다. "삶은 이기는 게 아니라 견디는 것"이란 말처럼 괴로움과 슬픔을 참아 내고 행복한 마음만을 갖고 지혜로운 삶을 찾아 가야겠다고 생각한다. 또 "가장 좋은 것들은 조금씩 찾아 온다."는 말처럼 욕심을 부리지 말고 편안하고 따뜻한 마음으로 세월을 향기롭게 보낼 수 있는 길을 찾고 싶다. 소리 없이 꽃이 피듯이.

상봉을 고대하며

세월은 흐르는 물과 같다고 하는데 정말 자꾸 빠르게 흘러 가고 있다. 벌써 36년 가까운 세월이 흐르면서 뇌리에서 떠나지 않는 기억들이 되살아난다. 지금 생각하면 사계절의 만남 중 겨울과의 악연이 아니었나 싶다.

1972년 11월 중순 공직 첫 부임지인 익산군 S면사무소에 부임하게 되었다. 도시에서만 생활해 온 나에게 농촌생활은 낯설고 물설어 두려움이 앞섰다. 벼를 보고 쌀나무라 한다는 도시 어린이와 다를 바 없는 나였기 때문이다. 대맥大麥, 소맥小麥이란 곡식의 단어조차 생소해서 면사무소 일을 할 수 있을까 의심되고, 집에서 출근할 수 있는 상황도 아니고 쉽게 방을 구할 수 있는 처지도 못 되었기에 두려움은 배가 되었다.

고민하다 생각해낸 것이 윗사람의 승낙을 받아 당분간 숙직실을 사용하는 것이었다. 끼니는 면사무소 가까운 곳에 있는 선술집에서 해결하기로 맘을 정하니 조금은 안정이 되었다. 하지만 어떻게 하면 고향으로 갈 수 있을까 궁리만 했다. 임신 8개월 된 아내와의 이별 아닌 이별을 감당하며 한겨울을 보낼 것을 생각하니 괴로움의 연속이었다.

어느 날 고생한다며 K 여직원이 자기 집에 낡았지만 빈방이 있으니 입주할 것을 제의했다. 어머님과 아내와 상의 끝에 이사 날짜를 12월 초순으로 잡았으나 홀로 계시는 어머님은 어떻게 할 것인가 난감한 상황이었다. 그러나 객지에서 고생할 자식에게 부담을 주지 않기 위해 어머니께서 본가에서 기거하기로 마음을 정해 주어 넓고 깊은 모정을 다시 한 번 느낄 수 있었다.

세상사가 그렇듯 한 가지 문제가 해결되니 또 문제가 생겼다. 이사할 방의 아궁이는 불을 지필 수 없는 낡은 부엌이었고, 겨울 공사는 엄두도 못 내어 방법을 찾았으나 신통치 않았다. 사고의 위험을 무릅쓰고라도 난로를 구입해 연탄을 방에다 피우는 수밖에 없었다. 혹시 연탄가스가 새어 나오지나 않을까 근심 걱정을 하면서 사는 것은 그나마 견딜 수 있었으나 방의 냉기와 외풍을 견디기는 참으로 힘들었다. 그러니 임신한 아내의 고생은 오죽했겠는가. 불평 한마디 없이 참아주어 고마웠지만 남편인 나는 늘 괴로움 속에 지내야 했다.

또한 겨울 들판길을 칼바람을 맞으며 매일 걸어서 출장 다니기란 고통과 괴로운 일이었다. 현지출장은 지금도 없어서는 안 될 일이지만 당시 농촌에서 근무하면 사무실에 있기보다는 현지출장이 근무의 절반이 넘었다. 기존 직원들은 자기가 사는 가까운 거리에 있는 마을을 담당했지만 신출내기인 나는 면사무소와 멀리 떨어진 마을을 맡게 되었다. 그러한 업무 분장이 처음에는 다소 야속했지만, 차츰 일을 하다 보니 추곡수매란 제도가 있어 주민들에게 적극 독려하기엔 현지상황을 잘 아는 기존 직원이 유리하기 때문이라 이해하게 되었다.

수매의 독려는 정말 괴롭고 힘든 일이었다. 주민들을 찾아가 자신을 소개하며, 친숙해지기 위해 노력했지만 쉽지 않았다. 그래도 자주 접촉하여 술도 마시고 애로사항을 들어주고 가까이 지내기를 멈추지 않았다. 술을 마시다 보면 격의 없이 마음을 열어주고, 친숙해지는 첩경이라는 것을 알게 되었고, 차차 출장 중 음주는 다반사로 필요악이었다.

세월이 약이라는 말처럼 마음이 어느 정도 정리되었을 때 면사무소와 아주 가까운 곳으로 이사를 했다. 전에 살던 집보다 훨씬 좋은 따뜻한 별채였다. 이사한 얼마 후 그곳에서 첫딸을 낳았다. 산고는 당사자보다 옆에 듣고 있는 사람이 더 불안하고 괴로운 법이다. 약 3㎞ 떨어진 읍에 병원이 있어 새벽 3시에 앰뷸런스를 불러도 빨리 오지 않고 병원도 없는 반 오지 면에서의 기다림은 피 말리는 시간이었다. 구급차를 애가 타도록 기다렸으나 오지 않고 차가 오기 전 주인아주머니의 도움을 받아 무사히 출산을 했지만 두고두고 잊을 수 없는 순간들이다.

고향을 떠나 공직자로서 첫 농촌근무와 살림살이를 하며 느낀 것은 농촌에 근무하는 공직자들은 대체적으로 인간성이 좋은 편이라는 것이다. 시골에서만 느낄 수 있는 보이지 않는 따뜻한 정을 듬뿍 느낀 기간이었다. 정 없는 세상은 삭막한 것인데 그중에서도 인간적으로 대해 준 H 계장, 후에 면장으로 승진했다고 들었지만 좋은 감성과 품성은 본받을 만했다. 지금도 두고두고 생각나는 모범공무원으로 각인되어 있다. 직장에서뿐만 아니라 각 마을사람들도 그를 잘 따랐고 문제가 있을 때는 허심탄회하게 의논할 수 있었고, 또한 해결방법을 찾아주기도 했던 드물게 볼 수 있는 모범 공무원이었다.

8개월의 농촌 근무를 접고 그 이듬해 고생스럽고 두렵기만 했던 생활을 벗어나게 되었다. 막상 떠나올 때 정든 직원들과 면민들과의 헤어짐을 생각하니 아쉬워서 눈물을 멈출 수가 없었다. 인생은 희로애락이라지만 이별만은 언제나 슬픈 것, 기약 없는 재회를 마음속으로 다짐했지만 쉽사리 이루어지지 않는 게 인생사인 것을 어쩌랴.

그런데 금년 이른 봄에 뜻밖의 전화가 걸려 왔다. 첫 목소리가 "나를 아느냐."며 "나 H다."라고 말하는데 정말 꿈인지 생시인지 놀라웠다. 기쁨과 설렘, 그리고 미안함이 순식간에 온몸을 휘감아 한동안 말을 잇지 못했다. 벌써 36년 가까운 세월 속의 일들이 파노라마처럼 스치면서 인생무상에 고개가 끄덕여졌다. 전화번호는 어떻게 알았는지 묻자 내 글을 읽고 출판사에 물어 알게 됐다고 했다. 그의 목소리는 약간 떨리고 있었다. "머지않아 찾아갈 것이니 그때 보자."는 한마디에 울컥 그리움이 북받치고 가슴 뭉클했다.

만나면 성의를 다해 술을 겸비한 식사대접을 하고, 못다 한 이야기와 궁금증들을 실타래 풀듯 풀리라 마음 단단히 먹고 있다. 우리의 상봉은 기쁨의 눈물과 만감이 동시에 교차하는 형용할 수 없는 행복한 만남이 되리라 믿으면서 그날이 빨리 오기를 손꼽아 기다린다.

,

개인택시에 얽힌 사연

가로수가 늘어진 아스팔트 도로를 따라 목적 없이 마냥 달리고 싶었다. 어떤 부담이나 구속에서 벗어나 자유로운 몸으로 창문 열린 이름 모를 승용차를 타고 끝도 없는 도로를 한없이 달려가고 있는 모습이 어릴 적에 자주 꾸었던 꿈이었다.

벌써 16년이나 지난 일들이 가슴 벅차 오른다. 50대 중반 바로 넘은 나이에 공직에서 강제 퇴직당할 때의 심정이란 겪어보지 않으면 모른다. IMF로 인한 구조조정이란 이유로 타 도시에서는 눈치만 보는 듯 지지부진하고 있었는데 아무 잘못도 없는 동료 직원들은 그것도 전국에서 제일 먼저 강제퇴직을 당해야 했다. 아직 할 일이 많은 나이인데 당시의 기관장은 실적도 올리고 명성도 얻고 싶어서 한 행동이었다. 또 실적에 따른 장래의 더 높은 자리를 얻기 위한 불장난 같은 행동이었다. 당시 공직사회에서는 이미 평판이 아주 좋지 않은 자기중심적이고 이기적인 인간으로 소통이 별로 없는 기관장으로 소문이 나 있었다.

2개월을 버티다가 결국 처참한 심정으로 눈물을 머금고 공직을 떠나와야 했다. 앞날이 걱정이 되고 심적 부담이 쌓이는 것을 막을 수가 없었다. 돈이라도 많이 있으면 사업도 하고 가게라도 얻어 장사라도 할 수 있을 터인데 어디 공직에서 돈 번 사람이 있었던가. 그렇다고 무작정 백수로 지낼 수도 없는 노릇이어서 방황할 수밖에 없었다. 모든 일들이 쉽게 이루어지지 않듯 하고픈 욕망이나 꿈들이 사라지는 처참한 심정을 누가 알아줄까. 생활비는 우선 퇴직금 일부로 충당한다고 하지만 한창 가르쳐야 할 대학생과 고등학생인 자녀들의 학비와 용돈이 큰 문제가 되었다.

산다는 것이 왜 이렇게 괴롭고 고통스러운 것인지 겪어보지 않은 사람은 모른다. 젊은 날 어떤 악조건 속에서도 고통과 싸움하며 힘을 얻기도 했는데 왜 신은 또 가시밭길을 걷도록 하는 것인가? 원망도 했었다.

이제 긴 방황을 끝내고 젊음으로 되돌아가서 활력을 찾자며 생각한 것이 개인택시를 하면 어떨까를 떠올리게 되었다. 개인택시 운전면허증을 취득하기로 결심했고 결국 면허증도 취득했다. 당시 개인택시 구입가격은 5천만 원 내외였다. 퇴직금 일부로 개인택시를 구입하여 운행하게 되면 생활비와 학자금도 해결되는 것이 우선적 목적이었다. 만약 운행하게 되면 그 수입으로 생활하는 데는 큰 불편이 없을 것이고 쉬는 날이면 막연히 목적도 없이 마냥 달려 보고픈 천진스러운 어릴 적 꿈도 일부 이루어질 수 있을 것이라고도 생각했다.

이러한 이야기들을 소기업 사장인 후배와 대폿집에서 만날 때마다 가끔 나누기도 했다. 그런데 어느 때인가는 술을 좋아하는 분이 택시운전을 하게 되면 사고위험도 높고 좋아하는 술도 먹을 시간도 없게 되니 안 된다고 결단코 반대를 했다. 그리고 만약 택시운전을 하지 않으면 죽을 때까지 평생 술을 사줄 터이니 그것만은 절대 하지 말라고 극구 말리는 것이었다. 마음 약한 나는 매번 만날 때마다 택시 운행만은 하지 말라는 후배 사장의 말을 결국 수용하게 되었다.

많지 않은 시간들이 흘렀다. 기대하고 기다리면 온다는 말처럼 같은 조직에 있던 계원이면서 과장급 공무원 선배로부터 생각지도 않은 출판사 회장을 소개받으면서 다시 취직을 하게 되었다. 공직을 떠난 온 지 1년 6개월 만에 이루어진 일이었다. 5년 동안 열심히 근무했는데 수년 간 번창했던 이 회사는 사정에 따라 결국 문을 닫게 되었다.

그 후 3개월간 휴식하고 있을 때인데 예전부터 잘 아는 타 출판사 사장으로부터 같이 일하자는 제의에 의해 다시 직장을 옮겨 오늘날까지 일하고 있다. 이러한 혜택은 주경야독할 때부터의 고통스러운 삶을 잘 참고 출판사와 군복무 후 신문사에서 근무했을 당시 측량할 수 없는 주어진 고난의 덕 때문인지도 모른다.

욕심 부리지 않은 삶은 어느 때인가는 즐겁고 행복한 때가 오는 것 같다. 개인택시를 운행하고 있었으면 오늘의 내가 존재하지 않았을지도 모른다. 요즈음 친구들은 개인택시를 운행했으면 수입도 괜찮고 지금처럼 많은 양의 술도 안 먹을 터인데 후배 사장이 너의 삶을 망쳐 놓았다고 농담을 하곤 한다. 그런 사정 이야기를 후배 사장에게 전했더니 그 친구들을 만나 해명하겠다고 한다. 그럴 때면 방황과 심적인 고통들의 추억이 깃든 세월들이 스쳐지나간다. "인생은 뜻대로 가는 것이 아니다. 삶은 멋대로 사는 것이 아니다."라는 말이 가슴에 와 닿는다.

2부

감동적인 하모니

음악音樂이 있는 곳에

"음악은 생명적 멜로디"다. 이 말은 고독과 우수憂愁의 철학자 쇼펜하우엘이 한 말이라고 기억된다.

고독과 우수의 철학자 쇼펜하우엘이 어찌 이런 말을 했을까 생각하면서 생명적이란 말에 매력을 느낀다. 우수적이고 고독한 철학자에게도 음악의 찬미는 필요했던 모양이다.

급변하는 정보화 사회 속에서 삶이 각박해지고 감정이 메말라가는 요즈음 라디오를 통해 아침 출근 시간에 클래식, 스크린, 동요, 성가, 행진곡으로부터 점심시간의 〈엘리제를 위하여〉 등의 클래식 및 세미클래식곡 등이 귓전에 머문다. 마음의 여유, 명랑한 분위기와 화합을 위하여 들려주는 아름다운 멜로디라 생각된다.

무디어만 가는 감정과 메말라가는 시간들, 마음의 줄이 끊어지고 돌과 돌이 부딪치는 생활 속에서 들리는 아름다운 멜로디는 인간에게 들려주는 신의 목소리가 아닐까 생각한다. 마음이 상쾌해지고, 여유를 느끼게 하고, 미래지향에로의 발돋움을 하게 하니 말이다. 들으면서 느끼고, 느끼면서 듣고, 그래서 마음이 한결 부드러워진다. 하루의 일과를 기분 좋게 한다는 것이 일의 능률을 높이고 젊어지는 비결일지도 모른다.

리튼이 "시詩가 없다면 인생은 암흑이다."라 했다던가. 음악이 없다면 인생은 암흑이라고 한다면 지나친 말일까. 음악에는 우리의 영혼을 흔들어 깨우는 흐느낌이 있다. 젊은 층이 좋아하는 팝송이나 선정적인 음악보다는 조용하고 무게 있고 깊이 있는 음악이 더욱 그렇다.

한 편의 아름다운 시는 바로 아름다운 음악과 같다. 음악을 사랑하는 마음은 아름다움을 사랑하는 마음이며, 사랑하는 마음이 없는 곳엔 아름다움도 없다던가. 음악과의 만남은 선과 사랑과 아름다움의 만남이리라.

가을이 오는 문턱에서 가을을 노래하는 여인을 상상하면 지루하고 무덥고 뜨거웠던 여름은 저 멀리 파도 속에 묻혀버리고, 가을이 주는 정감과 흐뭇한 마음의 출렁임이 인다. 낙엽 진 가을 산속에서 홀로 시 한 편을 읊고 그 시를 노래한다면 얼마나 멋진 인생이겠는가.

지나친 바람일지 모르지만 퇴근 시간에도 음악을 들려준다면 더없이 좋으련만. 그 노래의 여운을 갖고 작은 교회 같은, 따뜻한 가정으로 돌아간다면 더없이 좋을 것이고 행복할 것 같기에 말이다.

귀뚜라미

환청일까. 분명 가까이서 들려오는 소리인데 도대체 어디서 들려오는 소리인가. 15층 아파트 베란다에 있는 반 평짜리 꽃밭인가. 그 옆 세 개의 조그마한 장독인가. 방충망 쳐놓은 창밖일까. 의구심은 꼬리에 꼬리를 물고 이어졌다.

귀뚜라미 울음소리. 얼마 만에 듣는 소리며 얼마나 간절히 듣고 싶었던 소리인가. 어릴 적 달 밝은 밤에 토방에서, 부엌 부뚜막에서, 꽃밭에서, 장독대에서, 풀밭 여기저기 숨어서 귀뚤귀뚤 하며 내는 울음소리는 왠지 외롭고 처량하게 들렸다. 그 소리를 따라 호기심 가득한 눈빛으로 찾아보지만 숨바꼭질하듯 쉽사리 찾을 수도 잡을 수도 없었다.

귀뚜라미는 머리에 두 개의 긴 더듬이와 두 개의 긴 뒷다리가 있다. 몸은 갈색이고 입은 메뚜기처럼 생겼으며 수컷이 암컷을 찾는지 항상 처량하고 애처롭게 울어댔다.

유난히도 뜨겁고 무더웠던 기축년 8월 중순. 도심에서 조금 벗어난 변두리 아파트 창가에서 쳐다본 밤하늘은 아직도 한낮의 열기를 띠고 있었다. 멀리 보이는 별들처럼 아스라이 귀뚜라미의 울음소리를 들으며 귀를 의심하지 않을 수 없었다.

달 밝은 깊은 밤이나 조용한 새벽녘 귀뚜라미 울음소리는 더욱 크게 뚜렷이 귓전에 들려온다. 그 소리에 마음은 왠지 모르게 애잔해지곤 한다. 아직 열기가 가시지 않는 여름인데 정녕 가을은 파도에 씻겨 오듯 가까이로 밀려오고 있는 것일까.

"울밑에 귀뚜라미 우는 달밤에 길 잃은 기러기 날아갑니다." 동요에 나오듯, 귀뚜라미와 기러기가 가을을 가장 멋있게 표현하는 수단으로 여겨지기도 했다. 어릴적 가을을 생각하면, 초가집들과 주변 풍경들이 그려지고 고개 숙인 누런 벼와 바람에 흔들리는 수수, 사과, 감, 알밤 등 과일들이 떠오른다. 빨간 고추, 도토리, 허수아비, 고추잠자리 등 빠놓을 수 없는 정겨운 가을의 전령사들이다.

그런가 하면 한창 삶이 고생스럽고 슬프고 괴롭고 서럽고 비통하던 젊은 날의 가을은 바람에 한없이 흔들리는 코스모스를 비롯한 짙은 향의 국화, 달밤, 낙엽, 그리움, 애수, 외로움, 고독 등의 가슴저리는 감성적 이미지들이 떠올라 펜을 들어 처절한 마음들을 추스르지 않을 수 없게 했다. 그런 것들로 인해 문학에의 꿈을 거역할 수 없었다. 지나온 세월들의 잔영들이 스쳐가면서 긴 기억 속으로 빠져 들게 만든다.

하얀 이슬이 내린다는 백로 즈음에도 애절한 귀뚜라미 울음소리를 들을 수가 없게 되었다. 새벽녘 사방에서는 아직도 울음소리가 한창인데 고층 아파트에서는 들을 수가 없다. 아파트의 창문 바깥쪽에 붙어 있다가 추워 사라진 건 아닐까. 아파트 방충망을 밤에는 모기 때문에 열 수 없지만 한낮에 열어 놓았더라면 아파트 안으로 들어와 살 수 있지 않았을까. 왜 그 생각을 하지 않았을까. 막바지 가을걷이도 다 끝나가고 찬서리가 내리는 상강이 지나 추워지면 아주 사라지겠지만 내가 너무 몰인정한 것은 아니었을까.

귀뚜라미 울음소리야 늦은 귀가 시간이나 새벽에 바깥으로 나가 주의 깊게 귀 기울이면 들을 수 있다. 하지만 고층아파트 창가에 앉아 어두운 밤의 오묘함 속에서 도심의 형형색색 불빛을 바라보며 듣는 그 맛이란 쉽게 경험할 수 없다. 고향 집에서 듣는 소리에 견줄 수는 없지만, 까마득히 잊고 살았던 도심에서의 삶 중에 만나게 되는 귀뚜라미임에랴.

감동적인 하모니(1)

음악이 있고 노래가 있는 곳에 예술이 있고 삶이 있으며 그리움과 사랑도 있다. 그런가 하면 추억과 낭만도 있고 열정과 꿈도 있다. 또 마음의 평온과 환희도 있고 기쁨과 슬픔도 있다. 노래는 사람을 감동케 하는 마술인가 싶기도 하다. 세르반테스는 "음악이 있는 곳엔 악이 있을 수 없다."라고 했고 고독과 우수의 철학자 쇼펜하우어는 "음악은 인간 의지의 그림자"라 말했는데 우수적이고 고독한 철학자에게도 음악의 찬미는 필요했던 모양이다.

지난여름 남해를 여행하고 돌아올 때 버스 속에서 KBS 2TV에서 방영된 남자의 자격 청춘합창단 오디션 장면을 보고 뭉클한 감동에 젖어 눈가에 눈물이 고였다. 참가 자격은 나이 52세 이상이고 평균 나이는 63.2세, 최고령자는 84세의 할머니이며 함께 참가한 남자 연예인 평균 나이는 39.4세, 모두 46명으로 구성되었다. 15.1이라는 서울 유명 대학 입학보다 더 힘든 경쟁률로 2,000명이 넘는 사람들이 서류 제출을 했다고 한다. 부모님들이 열정적으로 노래를 사랑하는 마음을 아는 아들, 딸들의 적극적인 권유로 오디션 신청을 했다고도 했다.

살아온 과정과 노래에 대한 열정, 참가 이유 등을 보며 사람은 역시 감정과 감성을 지닌 존재라 생각되었다. 양봉업자 꿀포츠는 최영섭 곡 〈그리운 금강산〉을 부르고 담즙주머니를 차고 나온 환자는 C.Franck의 성가곡 〈생명의 양식〉을 불렀고 최고령자 할머니는 M.Lock의 아일랜드 민요 〈종달새〉를, 전 농구선수는 최성수의 〈동행〉을, 또 배우 출신은 〈When I dream〉을 불렀다. 성악가와 음악선생도 있고 호텔경영자, 의사도 있었으며 남편과 자식을 먼저 떠나보낸 아내와 어머니도 있었다. 각종 직업을 가진 또 각양각색의 사람들이 한결같은 마음을 보인 것을 느낄 수가 있었다. 그러나 참가자들의 노래를 다 기억할 수가 없어 아쉬움으로 남아 있다.

청춘합창단 오디션에서 선발된 후 연습장면을 보면 나이와 병마도 잊고 마음속 깊이 간직한 꿈과 열정을 찾은 것 같아 보였다. 장수한 사람들은 노래를 많이 부른 사람들이라는데 노래와 함께하는 삶이 행복하고 감동을 엮어 내는 곡예사가 아닌가 생각된다. 성악가란 자존심도 버리고 환자라는 사실을 잊고 또 호텔경영자, 의사라는 직업도 던져 버리고 음정도 박자도 못 맞추어 지적을 당하는 단원의 모습을 보며 음악에 대한 꿈을 버리지 않은 열정과 혼을 엿볼 수 있었다.

"삶이란 지평선은 끝이 보이는 듯해도 가까이 가면 갈수록 끝이 없이 이어지고" "그리움이란 이름에 사랑이라는 이름을 더하여" "기다림이라는 이름에 소망이라는 이름을 더하여" "또 다시 가려무나 가려무나 가려무나 모든 순간이 이유가 있었으니 세월아 가려무나 아름답게 다가오라 지나온 시간처럼"의 〈사랑이라는 이름을 더하여〉라는 노래 가사의 일부이다. 삶과 그리움과 사랑을 시적으로 아름답게 잘 묘사했다. 47세의 김태원 작사, 작곡으로 늙어가시는 어머니께 드리는 말을 편지 쓰듯이 만들었다는데 곡은 가스펠과 가요와 합창곡의 아름다운 선율이 섞여 조화를 잘 이루고 있다.

합창이란 혼자서 완성시킬 수 없는 노래다. 지휘자의 지휘에 따라 여러 사람이 화음을 내야 하고 선율이 제자리를 지켜야 하기 때문이다. 〈사랑이라는 이름을 더하여〉란 곡을 들을 때마다 감동에 젖곤 하는데 이 노래처럼 각양각색의 사람들 속에서 삶과 그리움 그리고 사랑을 조화롭게 이루어야 한다고 생각되었다.

예선에 앞서 많은 합창연습을 하면서 장애인 학교에서의 위로공연, 논산에서의 위문공연은 구경하는 사람들의 눈물을 자아내기도 했다. 그곳에서 꿀포츠는 조용필의 〈친구여〉를 불렀고 또 나이 많은 할머니 3인은 〈로렐라이〉를 합창으로 불러 감동을 주었다. 그런가 하면 전국민합창대회 진출을 이틀 앞두고 전화기 외판원으로 세계적인 오페라 가수가 된 37세의 폴 포츠가 전격 출연했다. 〈Il Gladiatore〉를 독창으로 불렀으며 꿀포츠와 함께 존 덴버와 플라시도 도밍고가 부른 〈Perhaps Love〉를 듀엣으로 불렀다. 또 청춘합창단과 한국의 꿀포츠 그리고 한국어를 모르는 폴포츠가 우리말로 가곡 〈그리운 금강산〉을 합창으로 불러 모든 사람들의 감탄을 자아냈다. 노래는 국적을 떠나 모든 세대를 웃고 울리게 하는 국제공통어인가 보다.

이러한 모든 모습들은 본선 진출을 목전에 두고 분발하라는 무언의 한 장면으로 보였다. 본선에 진출하기 3시간 전 리허설을 거친 후 12개 참가 팀 중 11번째로 무대에 선 청춘합창단은 은상을 수상했다는 소식도 들려 왔다. 안타까운 것은 서울에서 본선 진출 때 큰사위 초청으로 전주교대 울림촌 남성중창단의 응원을 겸해 가족들과 같이 공연을 보기로 했는데 중요한 약속이 있어 못 갔다. 그래서 몹시 아쉬움에 젖었었지만 다행히 KBS에서 재방송을 보게 됐는데 〈사랑이라는 이름을 더하여〉의 합창을 또 다시 듣게 되니 감정이 벅차올라 눈물을 감출 수가 없었다. 은상은 늦봄 합창단 모집을 시작으로 하여 무덥고 뜨거운 여름날 열심히 연습한 대가라 생각되었다. 또 감성적이고 열정적으로 음악을 사랑하는 사람들의 당연한 결과라고 느꼈다.

마지막 헤어지기 직전에 김태원 작사, 작곡 〈생각이 나〉 고별곡을 합창하면서 단원들이 헤어짐의 아쉬움과 눈물을 흘리는 모습에서 항상 이별은 괴롭고 슬픈 것을 느꼈다. 웃음과 눈물이 범벅이 된 감격 속에서 웃음보다는 눈물이 가슴을 저미어 오고 감동을 더 주는 것 같다. 눈물에 약한 것이 인간이다. 이별은 눈물과 슬픔을 낳게 하는 범인이므로 우리네 삶 속에서는 이별이란 말은 없어졌으면 싶다. 즐거움 뒤에는 괴로움과 슬픔이, 그리고 또 다시 그리움이 온다. 아쉬움 속에서도 아름다운 노래를 할 수 있고 추억을 만드는 것은 축복받는 일일 것이다.

‘’

감동적인 하모니(2)

음악은 언제나 가슴속 깊이 슬픔과 기쁨을 전달해 주는 감동적인 효과가 크다. 언제, 어디서나 들려오는 멜로디가 싫지 않는 것을 보면 신이 우리에게 보내 준 아름다운 선물 같다. 음악은 인간에게뿐만 아니라 소리를 듣는 모든 생명체에게도 심금을 울리는 보이지 않는 힘을 가지고 있는 것 같다.

금년 여행 중 우연히 버스 안에서 또 다시 운명의 장난처럼 KBS 2TV 〈남자의 자격〉 ‘패밀리합창단’ 오디션을 보게 됐다. 작년에도 여행 중에 52세 이상으로 구성된 〈남자의 자격〉 ‘청춘합창단’이 방영된 지 1년만의 일이다.

2012년 7월 31일 접수를 마감하고 8월부터 시작해 3주간에 걸쳐 ‘패밀리합창단’을 선발했다고 한다. 자격은 따뜻한 이야기가 있는 가족, 서로 다른 사람들이 모여 하나가 된 가족, 합창을 통해 새로운 희망을 얻고 싶은 가족이라면 누구나 지원할 수 있고 1차 서류심사 후 2차 오디션을 거쳐 선발하였다.

4,000명이 넘는 사람들이 지원하여 1차 서류심사를 통해 100팀 가족을 선정하여 뜨거운 관심과 화제를 모았는데 결과보다는 선발 과정에 초점을 맞추었다는 심사위원들의 논평이었다. 마지막 오디션에서 최종 합격한 팀은 27가족 56명이었는데 16가족 33명이 연예인 가족으로 어딘가 씁쓸한 여운을 남겼다. 지휘는 세계적으로 명성을 떨치고 있는 금난새 씨였다.

오디션 장면에서 장애인, 그리고 투병 중인 사람과 엄마를 잃은 슬픔을 안고 살아가는 등 그들의 모습에서 인생은 가슴 아픈 사연을 안고 있는 사람들이 많음을 알았다. 그리고 가족에게 사랑과 믿음과 희망을 주기 위해 열광적으로 노래하는 모습에서 큰 감동적을 느꼈다.

가장 인상 깊고 감동적인 장면이 여럿 있었는데 그중에서도 특히 눈에 띄는 장면은 자살한 유명 여 탤런트가 낳은 남매가 부른 노래였다. 엄마가 재워 줄 때마다 불러 주었다는 한인현 요, 이흥렬 곡 〈섬집 아기〉를 오빠가, 동생은 이강산 작시, 곡 〈하늘나라 동화〉를 각각 불렀다. 마지막에는 두 남매가 김현철 작시, 곡 〈크리스마스에는 축복을〉을 불렀다. 엄마의 생일이 12월 24일이라 불렀다고 하며 낳아주시고 사랑해 주셔서 감사하고 하늘나라에서 지켜봐 달라는 감동의 울음소리가 마음을 적셨다.

또한 남편의 실명을 사랑으로 극복한 부부가 부른 〈10월의 어느 멋진 날에〉는 가을 하늘보다 높은 사랑이 가득 찬 삶의 노래였다. 창밖에 앉은 바람 한 점에도 사랑은 가득한 것, 서로 사랑하는 힘으로 희망의 노를 우리 다시 저어 가자는 부인의 말에서 짙은 감동을 느꼈다.

그리고 의사가 되고 싶다는 동생과 가수가 꿈이라는 누나가 나왔다. 세계에서 10명만이 존재하고 국내에는 단 3명뿐이라는 희귀병을 앓고 있으면서 양희창 작사, 장혜선 작곡의 간디학교 교가인 〈꿈꾸지 않으면〉을 불렀다. 고운 목소리로 꿈꾸지 않으면, 사랑하지 않으면 사는 게 아니라고 부른 노랫소리가 청각을 울리면서 가슴벽을 적셨다.

또 5세부터 자폐성향이 있고 지적장애 3급을 가지고도 일반 예고에 다니는 입양아가 나왔다. 입양된 딸은 엄마와 같이 들국화의 노래 〈내가 찾는 아이〉를 화음을 이루면서 불렀다. 노래는 모두 사랑으로 새겨져 있음을 알 수 있었다.

그런가 하면 위암수술의 고비를 넘긴 아버지를 위해 세 자매가 가수 인순이의 〈아버지〉를 불러 가족의 소중함과 그리움과 사랑을 애절하게 표현하여 감동을 주었다.

이외에도 감동적인 가족들이 있었다. 세상살이 사연 없는 사람 없듯 고통과 번민과 불행을 동반하면서 행복을 찾고 더 깊은 사랑을 이루면서 사는 것이 하늘이 내려준 뜻인지 모르겠다. 음악으로 감동을 느끼며 깊은 마음의 상처들을 치유하면서 마음의 평온을 얻고 행복한 삶을 살 수 있으면 얼마나 좋을까. '세르반테스'는 "음악이 있는 곳엔 악이 있을 수 없다."고 했고 고독의 철학자 '쇼펜하우어'는

"음악은 인간 의지의 그림자"라고 했듯이 음악에는 악이 없고 항상 보이지 않는 신의 따뜻한 손길이 있는가 싶다. 음악이란 새로운 시각으로 세상을 보게 하고 감성을 자극하여 감동을 탄생시키는 인간에게 없어서는 안 될 귀중한 선물인 것 같다.

딸 이야기

첫아이는 새로 부임한 농촌 면사무소에서 근무할 때에 낳았다. 벌써 40여 년이란 긴 세월이 흘렀다. 도시에서 살면서 회사에 다녔는데 그곳에서 받는 월급으로는 생활하기가 퍽 어려웠다. 당시 회사에서 받는 월급은 쌀 한 가마니 값이고 공무원 봉급은 쌀 세 가마니 값이었으니까 상당한 차이가 있었다.

공무원이 되겠다는 노력 끝에 시험에 합격하여 낯설고 물설은 면사무소로 그해 동짓달 중순에 첫 발령을 받았다. 고향 도시에는 어머님과 남동생, 여동생, 그리고 아내와 같이 생활했었다. 농촌으로 오게 되니 혼자 하숙을 할 수 없어 면사무소에서 매일 숙직하면서 매식을 했는데 생활하기가 너무 불편했다. 할 수 없이 아내와 같이 있게 되었는데 그때가 임신 8개월째였다. 친척과 친지도 없는 농촌에서 살림살이 하기란 너무나 힘든 일이었다.

그 당시에는 정부가 강력히 추진하는 추곡수매 독려를 위해 전 직원들은 추운 겨울바람을 맞으며 담당마을로 갔다. 나는 매일 3, 4㎞ 되는 담당 마을로 버스를 타거나 도보로 가서 농민과 대화하며 애로사항도 듣고 추곡수매 독려도 했다. 때로는 혼자 아니면 이장과 같이 각 가정을 방문해서 추곡수매에 협조해 줄 것을 신신 당부하는 게 일이었다. 낯선 땅에서 아는 사람 없이 홀로 고통을 감내하는 날들이 많았지만 고향 농촌에서 근무하는 동료 직원들을 비롯하여 계장과 부면장의 위로와 협조의 덕을 많이 받아 마음의 감사를 느끼기도 했다.

묵은 해가 가고 낯선 땅에서 신년을 맞았다. 정월 대보름이 조금 지난 어느 추운 겨울밤 숙직을 하고 있를 때 면사무소에서 근접해 있는 셋집 주인 아주머니로부터 산모의 진통이 아주 심하다는 말을 듣게 되었다. 놀라서 병원을 찾았지만 산부인과 병원과 조산원도 없는 면 소재지라는 것을 알고 깜짝 놀랐다. 3㎞를 가야 읍 소재지에 병원이 있다는 것을 알게 되었는데 차량도 없는 면 사무소이고 자가용도 흔치 않은 농촌지역이어서 산모를 빨리 후송할 수도 없었다. 읍 소재지 병원에 긴급 연락을 했지만 야간 당직의사도 없을 뿐만 아니라 후송 차량운전자도 없어 기다려야 한다는 간호사의 말을 듣고 난처하면서도 위험한 상황이 오지 않을까 걱정이 태산 같았다. 동트는 아침이 빨리 오기만을 애타게 기다렸지만 시간이란 빨리 오란다고 해서 오는 것도 아니잖은가. 지루하면서 고대하고 기다리며 애간장 다 녹는 그 사이 집 주인의 도움으로 새벽에 첫딸을 순산하게 되었다.

무의촌에서 여러 가지로 생각지도 않은 고통을 맛보았다. 산모의 산고를 어떻게 말로 다 표현할 수 있을까. 산고를 떠올리며 나의 어머님도 수많은 고통을 겪었을 것을 생각하니 마음이 찐하게 아파온다. 딸 6명에 아들 3명인 9남매를 낳았으니 얼마나 힘들었겠는가를 짐작하고도 남는다. 옛날에는 어렵게 살면서도 자식이 많으면 복은 자기 몫을 갖고 태어난다고 했다. 채움보다는 비움의 삶이 아름답다고 한다. 이러한 산고를 아는 와중에서도 속으로는 아들이기를 기다린 낯뜨거운 나를 발견하고 긴 탄식을 했던 심정을 감출 수가 없었다.

첫딸을 낳은 지 8개월 만에 고향 도시로 전출발령을 받아 아쉬움과 서러움의 미련을 남기고 농촌을 떠나오게 되었다. 도심 동에 살면서 둘째, 셋째, 넷째를 나의 집에서 어머님의 도움을 받아 무난히 출산했다. 넷째를 낳았을 때는 혹시 다음은 아들이기를 바라는 마음에서 작명 풀이를 내가 직접 했는데 이름을 외자로 지으면 아들을 낳을 수 있다는 작명가의 글을 읽었기 때문이었다.

세월이 흘러가면서 다섯째를 또 임신하게 되었는데 남,녀 선호도가 강했던 때라 누나와 동생들은 물론 어머님도 속으로 가풍을 이을 아들을 원했을 터인데 또 딸이란 산부인과의 진단결과를 듣게 되었다. 큰며느리인 아내의 속마음을 이해하며, 얼마나 괴로웠겠는가를 생각하며 모든 것을 잊기로 했다. 팔자는 내 뜻대로 되는 것이 아니듯 작명 풀이도 허사였고 작명가의 글도 틀린 것이었다. 세상사는 내 마음대로 되는 것이 아니다. 타고난 복은 열심히 살면서 운명에

맡겨야 마음이 한결 편안한 것 같다.

사람은 만들어져 태어나지 않고 출생 후 만들어지는 것이라 한다. 딸들이 다 자라 자기 직업에 충실하고 자기 몫을 하면서 열심히 살아가는 모습을 보면 대견스럽기만 하다.

즐거운 삶의 완성을 위하여

불교에서는 사람은 한평생 네 가지 고통을 겪는다고 한다. 즉 생 · 노 · 병 · 사, 태어나 살다 늙어 병들어 죽는다는 뜻이다. 사람은 태 속에 들어서면서부터 태어날 때까지 겪는 고통을 느낀 것도 부족하여 사는 동안 고생과 고통을 참고 견디며 살아간다. 생고병사生苦病死라고나 할까. 그러나 살다 보면 때로 희로애락도 느끼게 된다. 기쁨과 즐거움도 있어야 사는 맛도 있지 그렇지 않다면 인생은 불만이 만발할지도 모른다.

과거를 돌아보면 즐거움과 기쁨보다는 괴로움과 슬픔이 더 많이 마음속에 남아 있는 것을 부정할 수 없었다. 생계를 위해 어렵게만 살아왔기에 즐거움과 기쁨은 감추어져 버리고 괴로움과 슬픔은 자꾸 겹쳐져 오는 것을 막을 수는 없었다. 산다는 게 무엇인가. 삶은 어제를 사는 것도 아니고 내일을 사는 것도 아니다. 오늘을 사는 것이므로 행복한 삶을 누리고 싶고 만족하고 싶다. 그러나 현실은 항상 이율배반적이다. 풍요로움 가득한 시간들 속에서 느끼고 살고픈 욕망을 부인할 수 없는데 이러한 욕심만으로는 모든 것을 더욱 더 만족시키며 행복할 수는 없고 아름답게 살 수도 없다.

송나라 주신중朱新中은 오계五計 즉 생계生計, 신계身計, 가계家計, 노계老計, 사계死計를 설계해야 아름다운 삶을 살 수 있다고 했다. 그러나 현실은 오계를 미리미리 설계 할 수는 없는 것 같다. 그때 그때의 상황에 따라서 계획을 세워 처방하고 문제를 해결해야지 않을까 싶다. 경험으로 비추어 본다면 고통과 고생의 아픔 속에서 좌절을 느끼고 익히며 또 배우기도 하며 살아온 배경이 삶을 좌우하는 느낌을 많이 받았던 것 같다. 진주는 병든 조개의 아픔 속에서 태어난다고 한다. 좌절의 아픔을 참고 극복하는 시간을 많이 가질수록 새로운 삶과 가치를 잉태시킬 수 있지 않을까.

10대 후반, 젊은 시절을 떠올리면 젊어서 고생은 사서도 한다는데 생계를 위해 뼈를 깎는 노력을 하면서 받은 고통은 말로 다 표현할 수 없다. 부모님 덕으로 어렵게 중학교만을 졸업하고 낮에는 일하며 어려운 가정을 돌보면서 밤에 고등학교를 다녔다. 그야말로 주경야독을 하면서 겪었던 고통은 말로 다 표현할 수도 없다. 때로는 왜 나에게만 이러한 시련들이 닥쳐오는가를 물으면서 원망으로 뒤덮인 가슴을 쓸어안고 한없이 눈물을 쏟으며 지내기도 했었다.

이러한 고통을 겪은 대가와, 절망을 극복하고 희망을 향해 달린 때문인지 여유 있는 생활은 아니었지만 혼인이라는 인륜대사를 치렀고 가계를 꾸릴 수 있었다. 그리고 시험에 합격도 하여 공무원으로 근무하면서 생계를 꾸려가며 살게 되었다. 또 아침마다 가벼운 운동 및 걷기와 휴일이면 등산을 하면서 체력을 유지해 왔다. 그래서일까, 70여 년이란 세월 동안 큰 병 없이 오늘에까지 이른 것을 나는 큰 행복으로 생각하고 있다. 이제는 노후를 생각게 되었다. 벼랑 끝에서 다시 시작하는 마음으로 어떻게 하면 조화로운 시간을 만들어 처신하고 살아야 할 것인가를 마음속 깊이 생각을 다듬고 있다.

이제 머지않아 인생을 마무리할 준비를 해야 하는데 아프지 않고 가족이 화목하고 이웃에게 웃음을 주고, 봉사와 사랑을 베풀면서 아름답게 살고 싶다. 지난날 많은 마음의 상처와 심리적 갈등을 멀리하고 좌절과 고뇌를 슬기롭게 극복한 것을 지금은 행운으로 생각하고 있다. 과거는 흘러갔으니 얽매이지 말고 미래는 보이지 않으니 쫓지 말며 오직 현재를 살아야 한다는 말처럼.

다가 올 삶이 어떻게 될지, 마무리는 잘 이루어질지 예견할 수는 없다. 사람은 몸과 마음에 아름다운 파장을 지니고 있다고 한다. 그 파장을 최대한 활용하면서 하루하루를 살아가며 감사함도 잊지 말고 긍정적인 생각을 하며 죄 짓지 말고 좋은 일 하면서 머릿속에 죽음이란 이별 연습도 해두는 게 좋겠다. 고통과 고생을 참고 사는 것이 인생이란 것을 배웠으니 마지막 끝날 때까지 마음에 쌓인 응어리들에 대한 치유를 하면서 살고 싶다.

흐르는 세월의 물결을 따라가며 나이라는 무게 때문에 삶과의 결별도 준비하면서 아프지 않고 행복하게 기쁜 마음을 가지고 슬픔 마음은 비워 가며 후회 없이 사는 것도 복된 삶이지 싶다.

하나의 죽음의 문을 향해 아홉 개의 살아온 문을 아름다운 마음으로 기억하면서 남아 있는 시간을 아름답게 채워야겠다. 살아온 삶이 복잡다난하게 고통스러웠으니 글 쓰기를 꾸준히 하면서 책도 출간하고 즐거운 마음으로 죽음을 완성하고 싶다.

뒤웅박 팔자

세월의 흐름에 따른 다양하고 화려한 언어의 잔칫상에서나 보는 것일까 아니면 시대의 변화에서 오는 것일까. 지나가 버린 시대에 흔히 쓰인 말이지만 지금은 굴곡진 그늘의 젊은이들에 의해 숨어버린 말이 된 것 같아 아쉬움으로 다가온다. 가난하고 궁색하게만 살았던 시절에 어른들한테 흔히 듣던 말이 있었다.

'뒤웅박 팔자' 남정네에게서보다는 여인네들에게서 많이 쓰였던 말로 기억된다. 지나간 세월에는 가세가 기울고 좀처럼 회복하기 힘든 때에 내 팔자가 왜 이렇게 뒤웅박 팔자가 됐는가 하는 한탄의 목소리가 흘러나오기도 하고 또 가부장적인 남편에 따라 바뀌는 연약한 여자를 깔보는 소리로도 들렸었다.

뒤웅박 팔자란 말은 옛날에는 흔히 여자들끼리 고단한 삶을 은유적으로 표현하고 불만을 나타낼 때 쓰였다. 집에만 콕 틀어박히고 갇혀 있는 꼴이 우습게 여겨지는 것을 빗대기도 하고 남자를 잘 만나야 한다는 팔자타령이었다. 그런가 하면 가난을 벗어나지 못하고 지긋지긋하게 고생만 하며 생활고에 시달리면서 신세를 탄식하던 신세타령이었다.

원래 뒤웅박이란 박을 반으로 쪼개지 않고 둥근 모양 그대로 꼭지 근처만 구멍을 뚫고 그 속을 파낸 바가지였고 쌀독에서 쌀을 담는 박을 말한다. 옛날에 부자들 집에서는 뒤웅박에 쌀을 담기도 했고 가난한 집에서는 여물을 담기도 했다고도 한다. 어떤 바가지에 무엇을 담느냐에 따라 팔자가 바뀌는 것이었다.

옛날에 갓 쓰고 두루마기 입은 가부장적 '갑'인 남정네와 집안에서 살림만 하는 여인네가 '을'이었던 시대에서 요즈음은 세월이 급속히 변해 복잡 다양한 상황들과 말들이 난무하고 있다. 남녀 평등사회이지만 여자가 '갑'이 되고 '을'이 남자인 시대로 되는듯 여자들의 팔자가 뒤바뀌어 남자가 뒤웅박 팔자가 되어 가는 느낌을 받는다. 그런가 하면 착한 여자보다는 튀고 나쁜 여자를 좋아하는 현실이 온 것 같다. 요즈음 젊은이들에게 모 가수의 〈나쁜 여자〉라는 노래가 인기 폭발하는 것이 시대의 흐름이며 급박한 변화이지 싶다.

자신이 원하는 대로 사는 당찬 여자는 옛날의 뒤웅박 팔자에서 완전히 벗어나서 사는 시대가 되었다. 흘러가는 세월을 걷잡을 수도 없고 거역할 수 없듯이 여성들의 세력과 기력이 점점 넓어져 가고 있다. 취업과 부업하는 여성들이 많아지며 생활력이 강력해지는데 남자들은 이직율이 상승하고 집 안에서 밥 짓고 빨래하며 아기 보는 시대가 되어가고 있는 것이다. 그런가 하면 대형 백화점에서 남자는 유모차를 끌고 여자는 마음껏 쇼핑을 만끽하는 시대에 살고 있다.

옛날 여인네들의 한과 불만, 억눌림이 앙갚음으로 변하고 있는 것 아닌가 하는 눈초리로 보게 된다.

고단한 삶을 살면서도 옛사람들의 뒤웅박 팔자라는 해학과 유머가 있는 언어가 험난한 시대를 살고 있는 우리들에게 이제 지혜로운 말로 작용했으면 한다.

마음속의 꿈

갓길, 우거진 가로수를 따라 한없이 길게 펼쳐진 도로를 느낌 없이 달린다. 돌아가는 길도 없이 마냥 쭉 뻗어 끝이 어딘지 모른 채 마냥 달린다. 목적지도 없다. 아무 생각 없이 달리기만 한다. 시원한 바람을 맞으며 그저 달린다. 좋은 기분만 안고 꿈길을 따라 꿈나라로 꿈을 꾸며 꿈속에 물들어 가는 것 같이.

내 뜻대로 내 인생길을 가는 것이 아니고 내 멋대로 내 삶을 사는 것이 아닌데 왜 이렇게 달려가기만 하는 것인가. 산 같은 마음을 가지고 물 같은 마음을 가지고 끝없이 달린다. 세월의 흐름에 더 깊이 생각하지 말자는 것은 오늘이 있기 때문이겠지만 추억을 떠올리며 쌓이게 할 수는 없을까. 다시 옛날로 돌아간다는 것은 불가능한 일이라지만 과거가 있었기에 오늘이 있다는 것은 속일 수 없는 일 아닐까.

문득 피할 수 없는 어린 나이의 옛날이 다시 찾아오는 것일까. 옛날로 돌아간다는 것은 불가능한 일이라지만 추억을 떠올리는 것은 어길 수 없는 운명적인 감성이지 싶다. 자라서 장래에 나는 무엇이 될 것인가를 생각지 않고 또 어떤 부담이나 구속에서 벗어나 자유로운 몸으로 창문 열린 이름 모를 소형 승용차에 몸을 싣고 한없이 도로를 따라 달렸던 꿈을 가끔 생각해 본다. 아니 꿈에서 깨어나지 않기를 빌며 환상의 세계로 몰입하는, 영원히 밑도 끝도 없는 길을 한없이 달리기만을 바랐던 것이 어릴 적 꿈이었다.

그 길을 가면 아무런 욕심도 고통도 아픔도 야심찬 희망도 가난도 부유함도 없는 세상으로 간다고 믿어서였을까. 낮과 밤도 없이 햇볕이 반짝이는 가로수 사잇길을 달려가면 모든 생각들이 사라져 가고 평생을 열린 창으로 불어오는 시원한 바람과 함께 무심의 경지에서 느끼는 기분만을 누리고 싶었을까. 장래에 무엇이 될까는 염려하지 않고 모든 얽매임에서 벗어나 마냥 달려 보고픈 마음이 곧 즐거움이었고 그런 세상을 살리라는 다짐을 하며 행복한 꿈을 꾸었다.

가난했던 어린 시절 탓에 너무 빨리 깨달음을 얻은 것일까. 모든 얽매임에서 자유로워지고 싶었다. 그러나 현실은 냉정했다. 수십 년 흐른 세월 속의 현실은 어린 시절의 꿈과는 어긋나 있었다. 살려는 발버둥과 아우성의 가득하고 서로 엉키어 자기 몫만을 챙기는 세상 속에서 살기란 쉬운 일이 아니었다.

이제 너무나 빠르게 흐르는 세월에 대해 생각을 한다. 몸의 쇠퇴는 어쩔 수 없이 찾아오지만 마음의 쇠퇴는 안 되는데 하면서도 막상 마음은 쉽게 따르지를 않는다. 또 여가를 즐기면서 모든 난관에 부딪치는 일과 고통스러움이 없는, 맑은 빛만 비추는 세상을 원하고 있었는데 그렇게 되지를 않는다.

한 굴레의 인생을 살면서 축적된 삶의 지혜를 경험 삼아 돈과 행 · 불행, 고통, 근심, 걱정에 둘러싸인 고민들을 해소하면서 삶에 그늘이 없도록 해야겠다고 다짐한다. 병든 몸은 견딜 수 있지만 병든 마음은 견딜 수 없다는 말처럼 마음을 병들게 하지 말고 살자. 모든 것이 사라질 때 입어야 하는 남루한 옷만은 입지 말자.

가까운 사람과 즐겁게 마음을 열어 놓고 싶다. 욕심과 의심을 버리고 내려놓을 것 내려놓고 때를 기다리고 싶다. 바로 오늘의 현재가 중요하니 마음에 매듭진 것들을 풀고 싶다. 하고 싶다는 말에 너무 욕심을 부리는지 모르겠다. 하지만 눈물의 씨앗을 지상에 날리며 헤매게 하지 말아야겠다. 마음속에 좋은 꿈만을 꾸면서 잠들고 싶다.

3부

모악 사모곡母岳 思慕曲

입산송入山頌

산에 무엇하러 가는가.

산은 무디고 얼어붙은 마음을 열어주고 녹이는 곳, 바람이 불고 머무는 곳, 평온이 깃들고 적막한 고요가 흐르는 곳. 기가 서리고 향긋한 산내음 속에 안기러 가는 곳, 언제든지 누구나 찾아가도 부담없이 좋은 안식처 같은 곳이기도 하다

아주 오래전 공직에 있을 때 건강에 좋다는 약을 들고 약장사 한 분이 사무실에 찾아왔다. 직원 한 명씩 차례대로 두 손을 한번 비틀어 보라고 하는데 아파서 하지를 못했다. 내 차례가 되어 해봤지만 역시 마찬가지였다. 직장생활에 젖어 찌들다 보니 새벽운동이나 내 몸 돌볼 틈도, 멋과 낭만도 없고 자연의 아름다움을 만끽할 여유를 전혀 갖지 못했던 게 사실이었다. 그래서 시작한 것이 등산이었는데

지금 생각하니 현명한 판단이었지 싶다.

온통 눈으로 뒤덮고 하얗게 쏟아지는 눈부신 빛깔로 변한 겨울산은 어머니의 품과 같기도 하고 산기슭에 진달래며 산벚꽃과 복사꽃 등 화려한 꽃잔치로 가득찬 봄 산은 생동감과 생명의 계절을 느끼게 한다. 깨끗한 물소리와 시원한 바람이 있는 여름 산은 성숙의 계절을 맛보게 하고 천자만홍의 단풍과 낙엽이 밟히는 가을 산은 정취와 낭만을 낳는다.

27년의 긴 세월, 오래 산을 오르다 보니 산을 절대로 얕잡아 보아서는 안 된다는 철칙이 생기게 된 것이었다. 너무 욕심을 부려 무리하게 다니게 되었을 때 얻은 허리통증 때문에 등산을 일시 중단하게까지 되었다. 만사가 그렇듯이 욕심은 과욕을 낳고 더 많은 과욕은 정신건강뿐 아니라 육체건강까지 해치는 결과를 초래한다는 사실을 알게 되었다.

봄, 여름, 가을, 겨울을 마다 않고 산을 오르다 보니 산에 대한 깊은 관심과 애틋한 마음을 갖지 않고 다닌 것이 솔직한 나의 심정이다. 이제부터 무르익고 성숙된 마음으로 산을 대하고자 한다.

"산에 오른다는 등산登山이란 말 대신 입산入山이라 해야 옳다."는 글귀가 내 가슴에 와 닿는다. 기가 흐르고 머무는 신성한 산을 어찌 정복하고 올라가는가. 마땅히 산에 들어가야지. 산에 올라간다는 것은 동적이고 산에 들어간다는 것은 정적인 문제로 다분히 종교적 색깔이 많이 내재되어 있는 것이 아닌지 음미하면서 인간의 마음으로는 자로 잴수도 없고 저울로 무게를 달 수도 없는 무한의 가치를 가지고 있는 것이 산인데 입산할 때는 평안함과 겸손과 감사와 기도 하는 마음으로 하는 것이라 늘 믿고 싶다.

산의 겉모양은 철따라 변하지만 속마음은 결코 변하지 않는 것이며 변하지 않는 산의 마음을 닮아 보고 싶은데 그렇게 되지 않는 것이 부끄럽기도 하다. 오래 산에 다니다 보니 산 이야기가 나올 때면 등산이란 말이 거침없이 나온 것이 예사였는데 이제부터 입산이란 말로 표현해야겠다고 스스로에게 약속하면서 산에 갈 때는 늘 벅찬 가슴으로 어머니 품속에 안기러 가듯 가고 늘 감사하는 마음으로 가겠다.

모악 사모곡母岳 思慕曲(1)

산은 언제 보아도 믿음직스럽고 어질며 변함없이 아름답다. 사람의 발길이 끊이지 않는 산, 오래도록 사람들의 입에 오르내리는 산, 모악산. 정감을 불러일으키지 않는 산이 어디 있으리오만 계절의 변화에 따라 각양각색으로 보이기도 하는 모악산에 대한 정감과 그 산의 본성은 언제나 그지없다.

모악산을 장산壯山이라 했다던가. 노령산맥의 한가운데 곡창 호남의 중심부에 솟아 오른 산으로 커다랗게 엎드린 덩치 큰 산, 넉넉한 모양새와 함께 동서남북으로 소용돌이치며 가마를 틀어 올리고 있는 매력의 산이기도 하면서 멀리서 보고 있노라면 아직도 고향 어머니 품만큼 아늑하기만 한 산이기도 하다.

산은 원래 영원한 어머니로 표현된다 하는데 세계의 최고봉 에베

레스트도 영국사람이 이름 붙이기 전에 현지 티베트에서는 초몰룽마(chomolungma)라 부르고 있었으니 '세계의 어머니인 여신의 산'이란 뜻이며 라틴계 언어로는 산은 모두가 여성명사로 되어 있다고 하니 과연 산은 어머니(여성)와 깊은 관계에 있는가 보다.

산은 또한 신앙과 깊은 인연이 있고 우리의 정서를 많이 지배해 온 것도 사실이다. 산을 아끼는 마음이 자연을 사랑하는 마음으로 변하고 애국심으로 이어지며 생명을 존중하는 사상으로 이어지기도 한다.

해발 793m로 3경계(전주시, 김제시, 완주군)를 이루고 전주에서 자동차 편으로 15분 거리에 있는 모악산은 언제나 전주시민의 휴식처와 등산로 역할을 톡톡히 해내고 있어 복받은 시민들로부터 사랑을 듬뿍 받고 있다고 해도 지나친 표현은 아닐 것이다.

그런데 모악산이 죽어 가고 있다(?). 산을 오르내리면서 오물을 아무 데나 버리고 가는 몰지각한 사람이 너무 많고 통신시설을 위해 마구 훼손하고 있으니 여간 밉고 슬픈 일이 아닐 수 없다. 자연의 훼손으로 인한 모악산 재앙을 3, 4년 전 장마 때 받은 것을 기억하는 사람은 별로 없을 줄 안다. 정상 바로 밑의 흙과 바위가 허물어져 계곡으로 쏟아져 내려간 뼈아픈 형상을 보노라면 짐작하고 남기에 충분하다.

현대사회는 다원화된 과학의 발달로 무한의 기술시대를 향해 달려가고 있기 때문에 공상일는지 모르지만 머지않아 산에 놓여 있는 통신 안테나들의 무용지물시대가 올 것이라고 확신하고 있다. 고도의 기술로 인공위성에서 중계발사되는 전파로 지구촌에서의 난시청

지역은 사라지고 말 것을 믿기 때문이다. 관계 당국에서는 자연을 보호하고 사랑하는 마음에서 한 번쯤 진지하게 생각할 필요가 있지 않을까.

아늑하고 그리운 어머니의 품과 같은 산, 살아 숨 쉬면서 영원히 변치 말고 있어야 할 산, 모악산. 훼손하지 말고 모두가 사랑하고 그리워하자. 그러기 위해서 그곳에 발자국만 남기자.

모악 사모곡母岳 思慕曲(2)

발길이 끊이지 않는 모악산은 언제나 정답고 아름답다. 그리움이 배어 있고 엄마 품처럼 포근하게 안기는 곳, 사색이 묻어나고 감성이 무르익으면서 지난 일을 회상케 하는 곳.

28년간 1.8ℓ 짜리 물병 5~6개를 너무 무리하게 짊어지고 다니다가 척추에 통증이 왔다. 병을 얻어 입산하지 못한 지난 1년간의 긴 터널을 지나 아주 오랜만에 산에 안기니 말로는 표현할 수 없는 감격이 온몸을 적신다.

변함없이 서 있는 낯익은 소나무며 참나무, 벚나무, 칡 그리고 산죽을 포함하여 숱한 나무들과 피나물, 꽃창포와 풀숲에서 어우러진 내음이 하모니를 이루어 코끝에 머문다. 나무 사이에서 눈을 부릅뜨고 놀라 달아나는 다람쥐와 맑고 아름다운 까치, 뻐꾸기, 종달새의

지저귐이 들려오기도 하며 계곡의 맑은 물소리는 조용한 새벽의 바이올린 선율처럼 잔잔히 흐르기도 하고 장엄한 오케스트라의 합주곡 같기도 하다. 발에 밟힌 돌들은 변함없이 그 자리 그곳에 들쑥날쑥 박혀 기쁘게 웃으며 맞아주고 돌계단은 가쁜 숨소리를 조용히 듣는 것 같다. 나무구름다리는 낭만의 추억을 떠오르게 하고 고즈넉한 산사의 풍경 소리는 애처로운 울음소리인 양 들려온다. 동터오는 이른 아침 길고 가느다란 햇빛은 나무 사이사이로 찬란하게 다가와 예나 다름없이 희망과 신비함을 토해내는 것 같다.

모악산을 좋아하여 짝사랑한 지도 벌써 28년이다. 칠순 나이도 채우지 못한 채 세상을 떠나 버린 세무공무원 친구의 권유로 시작한 등산이었다. 모악산과 함께한 긴 세월이 주마등처럼 스쳐간다. 체력을 단련시키고 건강을 찾아주고 지탱해 주며 마음의 건강까지 챙겨줘 튼실한 삶을 살도록 말없는 동반자로 있어 준 모악산에 감사한다. 몸이 허락하는 한 무리하지 않게 계속 입산할 것이다. 모악산과 함께하는 동안 생명의 존엄성을 느끼며 나무 뿌리조차 밟지 않고 애인처럼 더 뜨겁게 변치 않는 사랑을 이어갈 것을 다짐해 본다.

계절은 순서를 거스르지 않고 어김없이 찾아와 제 임무를 다한다. 버들강아지, 진달래, 철쭉으로 시작되는 봄을 거쳐, 여름에는 숲 그늘을 만들어 쉬게 하고 흐르는 계곡 물은 웃음꽃 만발한 이야기들로 함빡 젖어들게 한다. 가을에는 바람결에 소리 없이 흩날리는 낙엽 사이로 고향을 그리고, 황금물결의 들판으로 수확의 계절임을 느끼게 한다. 겨울에는 하이얀 눈꽃을 피워 보는 이들의 눈을 즐겁게 하고 자연의 신비함을 알리곤 한다. 지난 1년 동안의 세월은 모악산이 들려주는 계절의 변화를 앗아갔고, 체념의 깊은 나락으로 들어서게 하여 마음고생을 너무 많이 시켰다.

이제 내 나이 7부 능선에 거의 가깝다. 매일 새벽 15층 아파트에서 모악산을 바라보며 깊은 생각에 잠기곤 한다. 이제 남은 생 '아름답고 향기롭게' 살아가도록 7배拜를 하면서 다짐한다. 살아가면서 욕심부리지 않고 마음을 비워 이해하고 포용하며, 긍정적인 삶을 살아야겠으며, 가정의 행복과 화목을, 친구 간의 우정을, 이웃과의 친절을 위해, 그리고 사회엔 봉사하며 살 것을.

그러면서 문득 문학에 꿈을 가졌던 학창 시절, 1962년도에 읽었던 알버트 슈바이처의 ≪나의 사랑과 생명을 다하여≫와 공직 시절인 1992년도에 읽었던 다미안 신부의 ≪문둥이 성자 다미안≫의 내용이 머리에 떠오른다. 아프리카 콩고 지방에 들어가 의료사업과 전도사업에 평생을 바치고, 생명에 대한 외경과 아가페적인 사랑을 이룬 알버트 슈바이처, 남양군도 뜨거운 적도의 태양 아래서 격리된 문둥병자들의 안식을 위해 몸과 마음을 바치고 결국 자신도 문둥병자가 된 성자 다미안, 근년에 보도되고 방영된 6명에게 장기를 기증하고 죽은 권투선수 최요삼, 비행기 폭발로 주택에 추락하기 전 낙하산으로 탈출해서 혼자 살아 남은 조종사를 용서한다는 처와 딸을 잃은 샌디에고의 윤동윤, 평생을 시각장애인으로 살아온 니클스 부부가 눈이 보이지 않는 한국인 아들 2명과 딸 2명을 한 사람의 성인으로 키워낸 감명 깊은 이야기 등이 가슴에 절절하게 스며온다.

이와 같이 아름답고 향기롭게 살아간 사람들의 이야기는 셀 수 없이 많다. 말하기는 쉽고 실천하기는 어려운, 아름답고 향기롭게 살고자 하는 나의 기원을 이루도록 부단히 노력하면서 살리라. 조용한 새벽 묵상 중에 '아름답고 향기롭게' 살도록 지침을 주는 모악산에 다시 한 번 뜨거운 사랑을 느낀다.

사랑과 희생과 용서를 다시 생각게 한 모악산. 아름다운 모악산에 대한 정감은 영원할 것이다.

모악 사모곡母岳 思慕曲(3)

몰래 숨겨둔 어머니와 같은 산이 나를 부르며 오라 한다. 깊고 아늑하며 다정하고 포근하기만 한 어머니 품속 같은 모악산이 고운 자태로 내게 손짓을 한다.

30여 년이란 긴 세월 동안 매일은 아니지만 틈나고 가고 싶을 때 갔던 산이다. 그런데 6개월 동안 이런저런 핑계를 대고 산을 오르지 못했다. 술에 젖어 게을러지고 살아온 나이를 셈하면서 모든 일이 의미 없는 것처럼 느껴지면서 싫증이 났던 것이다. 산에 대한 갱년기가 온 것인가. 이래서는 안 되지 하면서 차일피일하는 동안 시간은 아쉽게도 흘러만 갔다.

세월이 빠른 것을 알면서도 행동하지 않는 죄는 무겁고 가혹한 처벌이 기다린다는 것을 모르는 듯 또한 잃어버린 듯 싶었다. 얼마 남지 않는 세월을 마음 비우며 긍정적이면서 건강하게 살려면 산행을 시작한 초심으로 돌아가야 한다는 뉘우침으로 가득 차기 시작했다. 감정과 감성은 강요할 수 없듯 인생은 선택인 것처럼 형식이 아닌 내실의 중요함을 선택해야 할 때인 것 같았다.

매서웠던 추운 겨울이 지나 만물이 훈풍에 소생하는 봄이 오면 시작해야지 마음을 굳게 다졌다. 어깨에 짊어졌던 무거운 생각의 짐들을 벗어 놓고 가벼운 마음으로 산을 올라야지 또다시 다짐하고 시작한 것이 벌써 5개월이 지났다.

바위 틈새를 휘돌아 흐르는 계곡의 물소리, 낮은 가지의 나무 틈 잎에서 지저귀는 딱따구리, 황조롱이, 어치 등의 새소리들은 변함없이 귓전을 울리고 다람쥐, 청솔모가 나뭇가지를 오르내리는 푸른 빛깔의 모악산은 전혀 꾸밈이 없다. 또 '물왕이나 무양無量이 절[寺]'인 수왕사(688년, 신라 문무왕 20년 창건)의 시원한 물맛도 예나 지금이나 변함없고 이제 얼마 안 있으면 녹음 짙은 산길에 수많은 산객들이 몰려 올 것이다.

산은 인간에게 신이 내려준 최상의 선물이지 싶다. 때로는 달과 별이 빛나는 새벽녘 아무런 생각 없이 빈 가슴을 안고 입산하기를 나는 좋아한다. 시끄럽지 않은 길을 조용히 걷고 싶어서다. 더듬어 보면 새벽녘의 입산은 수년째 이어지고 있다. 인생사와 같이 평지 길을 걷는가 하면 험악한 산길도 걷게 되는데 지나온 세월들에 쌓인 아픔과 고통 속에서도 모악산은 헤어나갈 길을 생각하게 하고 모나지 않게 평온하면서도 말없이 조용히 살아갈 길을 가르켜 주기도 하기 때문이다.

기쁨과 슬픔도 꾸밈없이 넘쳐흐를 때 좋은 것이고 자연스러운 것이다. 사는 것이라는 게 알고 보면 허무하기 짝이 없는 시간들이다. 그런데 기쁨과 슬픔 속에서도 수많은 시련들을 견디며 행복을 반올림하고 또 불을 지피며 욕심 없이 살고 싶은 마음 간절하다.

세월의 흐름은 빠르기만 하다. 요즈음 입산하다 보면 형형색색의 수많은 종류의 등산복과 등산화가 날개 돋친 듯 팔린다. 등산복도 값비싼 것 아니면 착용하지 않는 시대에 사는 것 같다. 등산복에 치중할 때에는 욕망 때문이란 말이 생각난다. 관광버스로 등산 다니는 지인의 말에 의하면 현대식 유행 아닌 복장을 하고 있으면 창피해서 못 간다고들 한다. 그래서 어쩔 수 없이 값비싼 복장과 등산화를 갖추기 마련이라는데 입산할 때의 복장규정이 없는데도 꼭 그렇게 해야 하는지 궁금할 뿐이다.

유행을 즐기지 않는 나는 어떤가. 지금도 10년 전의 복장과 가죽 등산화를 착용하고 다닌다. 화려하고 최신식의 등산복과 등산화를 입고 신어야만 산이 반갑게 맞아 주지는 않을 것이다. 편안하고 간단한 옷차림인들 어떠랴 싶기도 하다. 특히 각양각색의 방수성과 통기성을 갖추고 악취 안 나고 땀 배출이 잘 되며 발목을 잡아 주고 접지력이 뛰어난 각종 폴리에스터 종류의 등산화에 대한 욕심과 관심도 별로 없다. 오히려 그들이 나의 오래된 가죽 등산화 K2를 보고 놀란 듯이 바라보는 느낌이 들고 많은 시선들이 나의 투박한 가죽 등산화에 쏠린 것 같기도 하다.

아마도 이른 새벽에 가죽 등산화를 신고 다니는 사람은 나 하나뿐일 것이다. 급변하는 현실에서 현실주의자가 못되고 과거를 벗어나지 못한 나를 그래도 원망하지는 않는다. 앞으로도 정겹고 아늑하기만 한 사랑하는 모악산의 품에 안길 때까지 유행과는 거리를 두고 간소한 차림에 대한 소신을 굽히지 않고 살고 싶다.

어느 저수지의 흔적을 보며

세월은 너무 빨리 거친 파도에 휩쓸리면서 때로는 폭포수와 같이 때로는 잔잔한 물결을 일렁이며 흘러간다. 많은 변화를 일으키면서. 지구가 변함없이 자전하듯 세상사도 그렇듯 많은 변화를 일으키면서 도는가 싶다. 하늘과 땅은 수많은 세월 속에서도 존재 자체는 변하지 않았는데 여러 형태의 지형들은 몰라보게 변했다. 그런가 하면 삶의 구도도 변하고 사람도 변하고 인심도 변했으며 도시도 상상을 초월하여 변해 가고 있다. 변하는 것이 너무 많다 보니 변하지 않으면 안 되는 것이 인생의 삶이며 주변의 환경이요 인간의 감정인가 싶기도 하다. 이렇게 변하는 모습들이 절대 절명적인 인생역정의 드라마일지도 모를 일이다.

때때로 가고플 때 모악산을 가는데 가는 길가에 조그만 소류지 하나가 꼭 눈에 띈다. 주위의 아파트 외벽공사로 인해 지금은 생태공원으로 조성되어 많이 변해 버렸다. 하지만 그 소류지는 농업용 저수지로서 가뭄에 대비하고 방죽 밑에 수많은 논들의 논배미 물을 대어 풍작이 되도록 효자노릇을 했던 없어서는 안 될 못이기도 했다.

이 저수지는 1904년대 무렵 설치된 토언제土堰堤, 즉 흙으로 쌓아 올려서 만든 둑으로 역사가 깊다. 대정리 방죽 또는 지시제(堤)로 불려지기도 했다. 20년 전만 해도 들판의 벼농사에 아주 큰 역할을 했었다. 그때 당시 주택공사에서 소류지 주위를 개발하여 아파트를 짓기 위해 시청에 농업용수 확보용으로 이용해 온 이 저수지를 용도 폐지하겠다고 신청을 했었다. 실무를 담당했던 나로서는 농민에게 이익이 없고 농사에 절대적으로 도움이 되지 않기 때문에 결재 시 소류지 위의 논, 밭농사는 많지 않아 짓지 않아도 별 문제가 없지만 소류지 아래의 들판 농사에는 많은 지장을 주기 때문에 위쪽의 택지 개발은 하되 용도 폐지 불가 조건의 단서를 붙여 결재를 받아 회신한 일이 있었다. 지나 가다 보면 주변의 형태는 변했다. 하지만 소류지가 지금까지 건재해 있음에 가슴 뿌듯해짐을 느낄 수가 있다.

지금은 넓은 들판은 온데 간데 없고 아파트와 상가로 둘러싸여 있으며 농업용수 확보를 위한 용도는 완전히 폐지되어 격세지감을 느끼게 한다. 모든 것이 변해 가야만 도시가 발전하고 생활 환경이 좋아지며 편리함을 느끼는가 싶다. 하지만 옛 모습이 완전히 사라져 버렸고 생태용 방죽으로만 보여 가슴 쓸쓸하고 텅 비어 있는 것 같아 비애를 느끼게도 된다.

지난 날 소류지 안에는 마름이라는 수생식물을 비롯하여 이름모를 잡초들이 많이 있었다. 물은 맑고 깨끗해 여러 종류의 물고기들이 서식하여 낚시꾼들이 많이 찾아오기도 했지만 지금은 연꽃과 억새, 갈대 등 일년생 잡초들이 자라고 버드나무, 느티나무, 은행나무, 이팝나무, 주목, 모과나무, 소나무 등으로 우거져 있다. 한편에는 목련, 철쭉, 개나리, 봉선화, 회양목도 보인다. 소류지 한가운데는 없었던 인공섬과 산책로까지 만들어 주변 사람들이 즐길 수 있는 경관을 조성하여 좋아 보이긴 한다. 그러나 방죽이 너무 혼탁해 눈살을 찌푸리게 하고 있다. 이왕이면 산 밑에 있는 윗방죽인 같은 저수량을 저장하고 있는 맏나제의 물과 유통할 수 있도록 하고 커다란 관정도 파서 깨끗하고 맑은 물이 저장될 수 있도록 하면 어떨까 싶다. 잡초가 너무 무성해지면서 가꾸지 않고 그대로 방치된 것 같아 아쉬움에 가슴 쓰려옴을 느낀다.

옛 모습들의 흔적은 자취를 감추었지만 없어질 뻔한 방죽이 현재까지 남아 있다는 것은 천만다행이다. 생태공원 또한 테마공원으로서의 가치를 오래오래 간직할 수 있도록 관심을 갖고 미적인 환경을 조성하여 도시에 있는 상징적 시설물로 남았으면 하는 마음이다. 모든 것은 가꾸어야만 아름다워진다. 그래서 모두가 공유하면서 행복을 누릴 수 있고 우리의 삶에 즐거움이 될 수 있는 공간이 아름다운 풍경을 만드는 것이 중요하겠거니 싶다.

기다림

기다림은 어떤 사람이나 때가 오기를 바라는 것이다. 무작정 바라는 것이 아니라 그리움과 희망을 가지고 간절히 원하며 기다리는 것이다.

은혜를 베풀어준 부모님을 기다리고, 사랑하는 자식을 기다리고, 보고 싶은 연인을 기다리고, 고통 속에서 병이 호전되기를 기다리고, 평화로운 세상을 갈망하면서 전쟁이 빨리 끝나기를 기다린다. 바람처럼 강물처럼 흐르는 세월은 기약 없는 기다림인가.

초록의 계절 속에 화사하고 아름다운 꽃들의 향기는 바람 따라 멀리 사라지고 온갖 나무들이 푸른 그늘을 드리우며 주위를 온통 휘감아 가고 있다.

유난히 올해 초여름은 비다운 비가 내리지 않아 가뭄 속에서 애타는 사람들이 많다. 도시 사람은 수돗물 걱정을 하고 농민은 식수 걱정에 농사철 농사 걱정을 하지 않을 수 없으니 하늘도 정녕 무심한 것인지 가슴앓이를 한다.

7월이면 한여름의 시작과 함께 산에는 온통 쏟아지는 햇볕을 피해 숲 그늘에 쉬어가는 입산객入山客들이 많아진다. 시원한 바람과 함께 맑은 공기를 마음껏 마시며 휴식을 취하고 산을 베개 삼아 누워 자연의 속삭임에 빠져드는 것은 인간만이 느끼는 즐거움과 특권이리라.

사람들은 4월을 잔인한 달이라고 하는데 나에게만은 7월이 잔인한 달로 기억된다. 28년의 입산객으로 벌써 6개월의 고통을 참아가며 지낸 시간들을 되돌아보고 싶지 않다.

살아온 날들의 죗값인가 아니면 하늘의 버림을 받은 것인가. 병을 키워 병원에 간다더니 허리와 왼쪽 다리의 통증이 심해 한의원에 가서 침과 물리치료를 받고, 통증클리닉에서 주사와 물리치료를 받았다. 그러나 일시적으로 통증이 가라앉아 괜찮다고 느끼게 되면 또 다시 통증이 시작되기를 반복하는데 정말 괴롭고 고통스런 날들의 연속이었다.

그래서 할 수 없이 정형외과에 가서 엑스레이, 시티, 엠알아이 등을 촬영한 결과 4, 5번 척추디스크와 협착증이란 병명을 판정받게 되었다. 혹시 몰라 서울에 있는 척추전문병원에 갔지만 역시 같은 결과가 나오고 50% 이상 진행 중이라 빨리 수술해야 한다고 했다. 놀라움과 함께 엄습해 오는 절망으로 혼란에 빠지고 말았다.

수술하지 않고 치료할 수 있는 방법을 물으니 의사는 세계 어디를 가도 수술 않고는 나을 병이 아니란다. 수술 한 번 해본 적도 없고 위, 장내시경도 두려워서 못하는데 수술이라니 청천벽력이었다. 믿기지 않는 일이 일어나는 것이 세상사라더니 시련은 시작에 불과한 것이로구나 생각하며 잔잔한 마음으로 병의 원인을 짚어 봤다. 입, 하산 시 1.8리터 생수통 5~6개를 28년간 짊어지고 다녔기 때문에 얻은 병이라는 생각에 미치게 되었다. 사람이 한평생 겪는 사고四苦라더니 나서 늙고 병들어 죽을 날을 기다려야만 하는 것인가. 비참해질 수밖에 없는 것인가.

가까운 사람들은 아파도 꾸준히 물리치료를 받으며 가능한 한 수술하지 말라 하고, 수술한 사람들도 대부분 재수술한다는 말을 듣고 절대 이대로 있을 수 없다고 생각했다. 고통을 참으며 자력自力치료라도 해야겠다고 굳게 마음먹고 조석으로 집에서 찜질과 새벽에 일어나 허리운동에 중점을 두어 맨손체조와 스트레칭과 매달리기, 구보驅步 등을 열심히 하며 자신과의 처절한 싸움을 감내해야만 했다.

결코 신은 인간을 버리지 않는다는 말이 사실로 믿겨지면서 몸이 호전되기 시작하더니 이제는 통증이 없어졌다. 무엇이든지 믿음을 갖고 꾸준하고도 열심히 노력하면 안 되는 일이 없다는 것을 체득하게 되었고 통증이 시작된 지 6개월 만에 고통은 사라졌다. 엑스레이 측정은 안 했지만 피나는 노력이 낳은 대가라 믿는다. 모든 게 그렇듯이 치유하기 위한 집념의 몸부림은 느껴본 사람만이 알 것이다.

기다림이 길어지게 되면 지칠 수 있고 짜증도 나면서 절망에 이를 수도 있을 것이다. 그러나 갑자기 찾아든 병고였지만 이겨내겠다는 의지로 노력하며 인내한 결과 기다림은 희망의 꽃을 피웠다.

무작정 기다리는 것이 아니라 희망의 끝을 보고 가는 것이 훨씬 값있는 기다림이라는 것도 배웠다. 통증으로부터 벗어났으니 여한은 없다. 이제 꼭 1년 만인 7월 말쯤 다시 입산할 수 있다는 기쁨으로 설레는 마음을 달래고 있다.

유자식 상팔자

근래 방송 매체에서 방영되는 〈유자식 상팔자〉를 보면 방송인 손범수 씨와 전 국회의원이었고 변호사인 강용석 씨가 입담 좋게 진행을 하고 있다. 부모 자식 세대 간의 원활한 소통을 위한 방송이라는데 갱년기 스타 부모들과 10대 사춘기 자녀들과 펼쳐지는 가족 이야기를 현실감 있게 또 일어날 수 있는 일들을 꾸밈없이 재미있고 재치 있게 진행하고 있다.

방영 내용들을 보면 '유자식이 상팔자와 무자식이 상팔자', '부모님이 하는 말 중 가장 듣기 싫은 말', '안정적인 직업과 적성에 맞는 직업선택', '나는 맞벌이 부모가 좋다와 싫다', '명문대를 가야 한다와 안 가도 된다', '우리 부모의 궁합은 잘 맞는다와 안 맞는다', '10년 뒤 나는 ㅁ하고 있을 것이다', '집안 주도권은 남편이 잡아야 한다와 아내가 잡아야 한다', '홀로된 부모님이 재혼한다면 부모님을 위해 찬성한다와 나를 위해 반대한다', '나의 노후대책이 더 중요하다와 자녀 뒷바라지가 더 중요하다', '나는 결혼하면 이혼할 수도 있다와 참고 산다', '배우자가 재산을 탕진한다면 사춘기 자녀들은 참고 산다와 갈라선다' 등 다양한 프로그램을 보면서 사춘기 자식들의 끼 섞인 천진난만하고 거짓 없는 대화들과 성인들도 표현하기 어려운 성숙된 말들을 들으면서 혼자 몰래 흘러나오는 웃음을 감출 수가 없었다.

이 프로그램을 보면서 내 어렸을 때의 생각을 떠올리곤 한다. 최근 방영하고 있는 것처럼 부모와 자식 간의 거침없이 솔직하고 웃음 섞인 재미있는 이야기들은 없었다. 그 당시의 어른들이 하는 말에는 "팔자가 좋아야지, 상팔자여!"란 소리를 많이 들었다. 걱정 없고 기분이 좋을 때는 팔자가 늘어지다, 개 팔자가 상팔자, 팔자를 고치다, 팔자가 세다, 팔자에도 없다 등 팔자타령을 많이도 했다. 가난하게 살고 끼니 걱정을 많이 하던 시절에 쏟아낸 불만의 말이었고 또 죄의식 없이 입에서 흘러나온 신세타령의 말들이기도 했다.

그런데 오늘날에는 시대와 세대의 차이에서 오는 변화인지 젊은 세대들에겐 유, 무자식에 대해서는 별 흥미가 없는 것처럼 말들을 한다. 있어도 무방, 없어도 무방, 나만의 생활이 불편이 없고 살기 편하면 그만이지 하는 생각들이 마음 한쪽 바탕에 깔려 있어서인지 모르겠다. 그래서 결혼도 늦고 또 늦게 하다 보면 자식에 대한 그리움과 애착이 없어지는지 모를 일이다. 더욱 혼기를 놓쳐 버리면 아예 포기하고도 싶겠지 하는 생각이 드는 것은 나만의 착각일지도 모르겠다.

곰곰이 생각해 보면 무자식보다는 유자식이 더 좋을 것 같다. 없는 것보다는 있는 것이 낫고 안 가진 것보다는 가진 것이 낫기 때문이다. 인생은 항상 유와 무 사이를 왕래하고 대치하기도 하며 사는 것 같다. 선은 꼭 있어야 하고 악은 없어져 버려야 하듯 좋은 쪽으로 생각하면 빈보다는 부가 훨씬 좋아 보이는 것이다.

살아가면서 세상은 많이 변했구나 하는 생각을 버릴 수가 없다. 가난했던 시절은 자식 때문에 근심하느니 차라리 자식 없는 무자식이 상팔자였는데 근래에는 무자식, 유자식을 가리지 않고 사는 세상이 되어 버린 느낌이다. 젊었을 때는 모르겠지만 늙어서 무자식은 외로움을 느낄 수도 있겠지 하는 마음도 들겠지만 걱정 없이 또 마음 편하게 사는 것이 나이 먹어 가면서 필요하고 꼭 갖추어야 할 조건이 아닐까를 생각해 본다.

유자식, 무자식을 가릴 것 없이 얼마 남지 않은 세월을 준비해 가며 사는 삶이 편할 것 같다. 인명은 재천이라고 하는데 팔자타령하지 말고 열심히 살아가는 것이 현명한 삶이라 생각한다. 또 자식들에게도 의지 않고 근심걱정 안 끼치고 마음 편하고 행복하게 살면 될 것이다.

폭주하는 스마트폰 시대에

스마트폰 가입자가 약 3,800만 명으로 어린아이를 제외한 거의 모든 국민이 스마트폰을 갖고 있다고 하며 곧 세계인구 72억 명 중 25억 명 가량의 사용자가 증가할 것이라고 한다. 폭주하는 스마트폰 시대는 오는데 부러운 눈길로 보기에는 왠지 씁쓸하기만 하다. 10대는 물론이고 20대, 30대 또 40대의 X세대들을 포함해서 50대, 60대까지 남녀 불문하고 스마트폰을 손에 꼭 쥐고 다니는 것을 볼 수 있다. 또 시내버스나 전차와 기차 안에서 십 중 절반 이상은 스마트폰으로 통화나 게임을 하든지 음악을 듣거나 문자메시지의 삼매경에 빠져 있는 것을 보게 된다.

지난 1980년대 초에 무선호출기인 삐삐가 나온 후 1990년대 초에는 벽돌 크기의 군용전화기와 같이 무겁고 크며 던져도 부서지지 않는 휴대폰을 소지한 사람들이 있었는데 대부분 부유층이거나 사업가들이었다. 사업하는 나의 동서도 그런 휴대폰을 소지하고 있었는데 220만 원짜리라는 소리에 귀가 멍했다.

1990년도 중반에는 디지털 시대를 맞아 메모리 등 편리한 기능을 갖추고 개인이 가지고 다니면서 편리하게 어디에서나 통화할 수 있는 소형 무선전화기인 핸드폰이 출시되었다. 2000년대 초반에는 핸드폰이 발전되기 시작하고 유선전화 가입은 점점 사라지면서 2000년대 중반 최초의 스마트폰이 출시되기 시작했다.

현재 핸드폰 사용자의 70%가 스마트폰으로 교체를 희망하고 40대 전후가 핸드폰을 가장 많이 사용하고 있다고 한다. 스마트폰은 PC와 같은 기능과 더불어 고급 기능을 제공하는 휴대폰 전화이다. 전화 기능이 있는 소형 컴퓨터라 할 수 있는데 풍부한 메모리와 프로세스, 선명한 화면으로 기능을 마음껏 발휘하는 것 같다. 10대에서 40대까지는 이용실태에 따라 필요성을 이야기하고 50대 이상의 나이 많은 층은 통화와 문자만 하고 인터넷은 하지 않으며 게임도 귀찮고 음악도 즐기지 않으며 예약문화에도 문외한이어서 한갓 장식품으로 생각들을 하고 있다. 국내에서 사용하는 스마트폰의 종류는 70여 종에 이른다 하는데 어떤 기종이 적합한지는 각자의 취향을 따라야 할 것이다.

1998년 공직에서 강제 퇴직당했을 때 가슴앓이에 많이 시달리고 있었다. 잘못도 없는데 무슨 날벼락인가를 생각하면 지금도 빨리 잊어야 할 터인데 응이가 가시지 않고 있다. 그런데 그때 큰딸이 집에만 있으면 무엇하겠느냐며 친구나 지인들과 통화하면서 약속도 하고 재미있게 시간을 보내라면서 위안의 의미를 담은 핸드폰을 구입해 주었다. 벌써 16년이란 세월이 흘렀다. 그때의 핸드폰 앞 번호 011을 지금까지 사용하고 있는데 나의 경우는 2018년까지는 변경하지 않아도 된다고 한다.

스마트폰 앞자리수의 여러 종류의 번호를 2014년 1월부터 010으로 통일시킨 정부정책은 잘못됐다고 생각한다. 오랫동안 유지해 온 다양한 번호를 없애 생활에 큰 혼란과 불편을 왜 느끼게 하는지 모르겠다. 여러 분야의 생활에 깊숙이 침투한 휴대폰 앞 번호를 고치기란 쉬운 일이 아니며 수많은 분야의 기업인과 상인 그리고 국민들이 겪어야 할 혼란스러움과 고통을 생각해 봤는지 모르겠다.

들리는 정보에 의하면 지금 실버스마트폰뱅킹족의 모바일뱅킹으로 가입하는 숫자가 늘고 있고 앞으로 치매예방, 심장박동수를 측정할 수 있는 스마트폰을 의료기기로 분류할지를 검토하고 있다고 한다. 또 스마트폰으로 옷 무늬를 바꾸고 집에 있는 애견상태도 체크하며 스마트폰 화면을 거실 TV에 띄워 온 가족이 모바일게임을 함께 즐기게 된다. 그뿐 아니라 자동차의 문을 여닫고 상태와 위치를 체크하는 최신기술의 성장을 보게 된다고 한다. 그러면 그때 한번 구입하게 될지는 모르겠다. 하지만 폭주하는 스마트폰 시대를 맞아 시대의 낙오자 소리를 들을지라도 꼭 사고 싶지 않으며 끝까지 011 핸드폰을 계속 사용되기를 바랄 뿐이다. 또 큰딸의 뜻을 오래오래 잊지 않고 간직하고 싶기도 하다. 복잡다난한 시대에 살고 있는데 더욱 고급 기능이 다양해지는 스마트폰은 나이 먹은 사람들에게는 어쩐지 안 맞는 것 같다.

스마트폰은 인류 역사상 인간 내면에 가장 근접해 있는 기기라고 하는데 스파이앱을 설치하면 가족뿐만 아니라 기업이나 모든 분야의 통화내용과 문자메세지, 사진 등을 엿볼 수 있게 되어 많은 문제점과 맹점이 드러나고 있다. 학생들도 스마트폰을 자주 보면 독해력이 떨어진다고 한다. 스마트폰으로 섹스팅하는 10대 청소년들은 우울증이나 자살할 확률이 높게 나왔다는 연구 결과가 미국에서 발표되기도 했다. 스마트폰의 중독위험이 날로 높아 가고 있는 것이 사회의 큰 문제점이다. 세상의 모든 일에는 장단점이 있고 애로사항도 많기 마련이지만 선택은 자유고 개인들의 취향이라 어쩔 수가 없다는 생각이기도 하다.

4부

옛 동산에 올라 보니

애환이 담긴 곳

옛날에는 크고 높게만 보이던 산이었는데 지금은 야트막하게 보이는 공원으로 불리는 산이 되었다. 세월이 강풍처럼 휘몰아쳐 흐르고 흘러 격세지감을 느끼게 하면서 새롭게 떠오르고 생각나게 하는 애환이 담긴 산, 그 이름 다가공원.

그때나 지금이나 푸른 숲으로 이루어져 있는데 당시의 산 정상은 평평하게 되어 있었다. 양쪽 끝에는 1951년 9월과 1957년 10월에 건립된 호국지사 충혼비와 호국영령 탑만 있었다. 어릴 적 호국영령의 넋을 기리는 군악대와 경찰악대의 구슬픈 밴드소리를 들으면 왠지 가슴이 뭉클하면서 호기심 가득 찬 눈으로 바라보기도 했던 게 엊그제 같다.

철없는 시절 동남쪽 산자락은 지금처럼 돌계단을 쌓아 올리지 않은 자연석 틈 사이를 오르락내리락했었고 산 밑에는 맑고 깨끗한 시냇물이 흘러 아름답게만 보였다. 장마가 끝나 물이 넘쳐 출렁댈 때에는 이쪽 둑에서 저쪽 산 밑 바위를 향해 무서움 없이 헤엄치기도 했었다. 정월 대보름날에는 건강을 빌며 나이 수만큼 다리를 오고가기도 했다. 다리 밑에서는 나무를 집채만큼 쌓아 올려놓고 불을 지피며 불꽃놀이를 했던 일들이 소리없이 풍편風便에 밀려온다. 또 달 밝은 밤에는 겨릅대로 지은 움막에서 자갈 둑을 쌓아 놓고 게를 잡기도 했다. 지금처럼 오염되지 않고 청정했던 자연 속에서 살았던 그때가 그리워져 온다.

이제 공원으로 불리게 된 다가산을 바라보면 10대 20대의 기억이 나를 향해 되돌아온다. 10대 이전에서 중반까지 아주 철없는 때라 가난이란 것을 잊고 멋모르고 놀았지만 10대 후반부터 20대까지는 가정 형편이 어려워 주경야독을 하면서 고난의 행진을 해야만 했다. 오랜 세파에 육신은 쇠락하고 영혼은 의지를 상실할 수밖에 없을 때이다.

어느 한겨울에는 숲 속에 휘몰아치는 눈을 짊어지고 시린 발바닥의 아픔을 참고 눈물을 흘리며 맨발로 걷던 수많은 시간들을 보냈다. 결핍된 자신을 되돌아보고 외로움으로 얼룩진 삶을 이겨내야 한다는 강한 집념으로 가난을 견디었다. "결핍이 있는 사람만이 꿈을 이룬다. 꿈을 이루는 데 마음을 두지 말고 만드는 데 집중해야 한다."는 말처럼 꼭 그렇게 하리라 마음속으로 다짐했다. 끝없는 고난의 행진은 계속 이어질 것인가 스스로 고통을 가슴속에 묻어 놓고 이 고난을 꼭 극복해야 한다는 신념으로 살았다. 가난한 삶을 체험

하지도 겪어 보지도 않고 살았던 세대들은 아마도 모를 것이다. 또 지금처럼 온갖 풍요로움 속에서 살고 있는 세대들도 느끼지 못하는 삶이었으리라 생각하면 가슴이 저리어온다.

예나 지금이나 변함없이 수목이 울창한 작은 산의 공원. 5월에 피는 하얀 이팝나무꽃 향기는 바람이 흩날릴 때마다 언제나 그윽하며 어릴 적에 본 몇 그루의 더디게만 자라나는 느티나무 중 수령이 340년, 둘레가 4.5m, 수고가 25m의 아름드리도 있다. 그런데 나는 그 나무에 100일 동안 공을 드리면 아들 못 낳은 집에 옥동자를 얻는다는 전설이 있다는 것도 뒤늦게 알게 되었다. 당시에는 없던 26개의 불망비不忘碑와 선정비善政碑도 있어 공원을 찾는 사람들의 눈길을 끌기도 한다. 그리고 둘레는 이제 노인들의 휴식공간으로 되어 있다.

어릴 적에는 한량들만 모여 과녁을 향해 활을 쏘는 사정射亭이라 불리는 곳이 있었다. 지금의 천양정穿楊亭이다. 활은 하늘의 뜻을 지상에 전달하는 도구로 표현한다고 했다. 무기의 기능을 벗어나 마음을 닦고 덕을 쌓는 수단으로 인식했다는 것이다. 그런데 전주팔경의 하나인 다가사후多佳射候란 것도 모르고 지나온 세월들 속에서 그리움의 향기만 묻어나는 곳이 공원이 되었다.

옛 동산에 올라 보니(1)

세월이 가고 나이가 들면 흔히 사람들은 추억을 먹고 추억 속에 산다고들 한다. 세월은 흐르는 것이 아니라 쌓이는 것이라던가.

좋은 추억들은 가슴속 깊이 오래 간직하고 싶고 나쁜 추억들은 빨리 잊어버리고 싶은 게 인지상정이지 싶다. 기억하고픈 추억들은 더욱 소중히 간직하여 삶의 활력으로 삼고, 기억하고 싶지 않은 추억들은 깊은 늪 속으로 던져버려 속히 스트레스를 없애는 게 좋을 텐데 그렇지 못하고 사는 게 우리네 삶의 속성인지도 모르겠다.

고향을 떠나 생활한 일이 없기 때문에 내가 사랑하는 옛 동산에 아무 때나 가고 싶으면 가도 될 일인데도 마음속에 맴돌기만 할 뿐 막상 발길을 돌리기가 쉽지 않다. 일이 잘 안 풀리고 괴로울 때는 더욱 소중한 추억이 서린 그곳에 가고파진다.

모처럼 모든 일 제쳐두고 휴일을 택해 한가롭게 마음먹고 찾아보기로 했다.

내가 살았던 곳은 현재 살고 있는 아파트 반대편 그러니까 남쪽방향으로 도보로 35분이면 갈 수 있는 같은 시내의 변방동이다. 가난한 달동네는 아니었지만 초가, 슬레이트, 함석, 기와지붕으로 섞여 있는 아주 볼품없는 주택들이 꽉 들어찼던 곳이다.

30년 만에 찾아간 옛 집터 주위는 몰라보게 변화되어 있었다. 옛 집들은 온데간데없고 빈터만 남았는가 하면 벽돌로 쌓아올린 현대식 지붕으로 덮인 주택들이 낯설게만 보였다. 어렵사리 찾은 곳은 몰라보게 변해 있었다. 그동안 너무 등한시하고 잊고 살아왔구나 싶고, 몇 십 년을 찾아가지 않은 것을 생각하니 내 자신이 애정이 없고 감정이 메마른 독한 사람으로 비쳐졌다.

집터 옆길을 지나 오솔길을 따라 오래된 시간 속으로 여행을 가듯 추억을 반추하면서 옛 동산에 올라와 보니 가슴이 미어질 정도로 변모된 것들이 너무 많았다. 아주 높지도 그렇다고 낮지도 않은 옛 동산은 아늑하면서 마음을 가라앉히기에 아주 소중한 곳이었는데 꼴사납게 녹슨 운동기구가 설치되어 있었다. 소나무, 아까시, 상수리나무들은 온데간데없고 무심한 전나무들만이 하늘을 찌를듯 높이 솟아 있어 훤히 내려다보이던 시가지는 보기조차 힘들었고 나무 사이로 갑갑한 아파트 군상들만 보일 뿐이었다.

눈을 감고 옛날의 추억들을 켜켜이 떠올려본다.

그때의 바람소리를 들을 수 있고 나뭇잎의 흔들림도 볼 수 있고 어린 시절 동네 아이들과 또래 친구들의 얼굴들도 보이고 또 변치 않는 파아란 하늘에 흰 구름이 뭉게뭉게 떠 있고 밤하늘의 별빛과 여러 환상들이 긴 추억의 강물처럼 흘러가는 것도 보인다.

봄엔 만발한 벚꽃 향기를 맡고 즐거워서 뛰놀던 공터며, 여름엔 시냇물에 물장구치고 미역감던 자리며, 집 앞마당에 모깃불을 피워 놓고 가마니 멍석 위에 누워 까만 밤하늘에 반짝이는 별들을 하나씩 세어 보기도 했다. 학교에서 배운 북두칠성, 북극성, 카시오페이아, 오리온 자리도 애타게 찾아보지만 쉽게 눈에 보이지 않던 기억들, 가을엔 개구장이들과 마구 능선을 뛰어 달리거나 숨바꼭질, 기마전 놀이 하던 그리운 그 모습들이 아스라하게 멀리 보이기도 했다.

겨울엔 황토와 겨릅대로 버무려 만든 벽을 뚫고 들어온 외풍이 심해서 아궁이에서 끄집어낸 나무숯불 화로 앞에 앉아 불씨를 이리저리 젓기도 하고 다독이면서 정을 나누었다. 화롯불 가에서 부모님의 가난한 살림살이를 어떻게 꾸려갈 것인가를 의논하는 소리를 듣기도 하고, 재수 좋은 날에는 어머니께서 가져온 고구마를 구워 먹던 추억 속의 그리운 내 집이 보인다. 눈이 펑펑 오는 날에는 스키와 썰매를 타던 고갯길도 잔잔한 영상처럼 펼쳐진다. 힘들었던 지난 세월들의 잔인한 소용돌이에 휩싸였던 6 · 25때 어른들과 어린아이들의 발가벗은 시체들이 길가에 즐비하게 있어 쑥으로 코를 막고 다니던 동산 한쪽 구렁텅이는 어릴 적 아픔과 두려움이 그대로 묻어 나오기도 했다.

세월을 망각하지 않고 찾고 싶을 때 언제라도 찾아갈 수 있는 그리운 곳이다. 즐거운 추억과 부끄러운 과거와 아픈 추억들이 함께 묻힌 곳, 옛 동산은 내 마음의 고향이다.

옛 동산에 올라 보니(2)

옛 동산은 그리움과 정이 담뿍 깃든 곳. 너무도 오랜만에 올라보니 가슴이 저릿저릿하면서 가슴이 뭉클하다. 더듬어 보면 머언 옛날은 가고 없어도 흰 눈이 소리없이 내려와 쌓이듯 잊지 못하고 지울 수도 없는 추억의 편린들이 쌓이는 것만 같다. 기쁨과 슬픔, 웃음과 눈물이 범벅되어 동심이 축축이 젖어 있는 곳이란 것을 느낄 수 있다. 아름다운 행복감에 이르게 하는 시간이지 싶기도 하고.

어린 나이였기에 사시사철을 정서적으로나 문학적으로 표현하지는 못했지만 지금처럼 다양하고 화려한 꽃들이 없는 시절의 봄에는 겨우 진달래, 개나리, 벚꽃들만이 화사하게 수를 놓아 겨울 내내 움츠렸던 마음을 활짝 펴게 했다. 여름에는 시원한 그늘 숲 속에서 가마니를 깔고 누워 책을 읽기도 하며 낮잠도 자고 가을에는 낙엽이 깔린 능선의 잔디밭에서 뛰고 달리며 동산 자락을 오르내렸다. 그런가 하면 눈 쌓인 겨울에는 찬바람이 너무 휘몰아쳐 산자락에 가지는 못하고 가까이에 있는 비탈진 고갯길에서 대나무로 만든 스키나 송판으로 짠 썰매를 타고 내려오면 어른들은 신기하다는듯 바라보았다. 그리고 혹시 넘어져 다치기라도 하면 어쩌나 하는 눈빛으로 바라보기도 했다. 하지만 아랑곳 하지 않고 즐거운 시간을 보냈다.

옛 동산은 용의 기운이 서린 땅으로 용머리에 해당하는 고개를 사이에 두고 동쪽에는 기린봉과 중바위가 훤히 보이고 동남쪽에는 남고산성과 초록바위를 볼 수 있었다. 또 서쪽에는 미나리가 많이 나오는 논과 화산공동묘지와 안행, 증산, 뒷골 등 옹기종기 작은 마을과 넓은 들판이 있었다. 남서쪽에는 지금처럼 멀리 웅장한 모악산이 보였다. 그런가 하면 북쪽에는 선너머(서원 너머)라는 곳을 지나 도토리가 많이 난다는 도토리골과 물고기가 숨어 있는 혈 같은 모양을 이룬다 해서 붙여진 어은골과 유연대의 끝 북고사北固寺 사이의 산등성마루에 있었다.

동산은 그 당시 완전히 헐벗은 민둥산은 아니었다. 하지만 시가지가 훤히 내려다보였는데 지금은 옛날의 기와집, 함석집과 초가집들의 형체는 온데간데 없고 콘크리트의 높은 아파트와 고층 건물로 꽉 차 있다. 도시의 발전으로 온갖 것들이 변했구나 싶어 가슴을 저리게 한다. 이제 산 주위는 안타깝게도 채소들이 심어져 있고 편백나무, 소나무, 아까시만 무성하게 자라서 시가지를 거의 볼 수가 없어 간벌이라도 하여 잘 보이도록 했으면 싶다.

산등성에서 놀았던 어릴 때의 동네친구들을 하나씩 떠올려 본다.

즐겁고 마음의 짐도 없던 그 시절, 60여 년 세월의 길고 긴 추억들이 바로 엊그제만 같이 느껴진다. 그런데 이제 동네에는 그립던 친구들이 하나도 살지 않고 낯선 사람만 있고 옛집들도 많이 사라져 빈 땅이 폐허같이 보인다. 세월의 덧없음을 느끼게 되어 아쉬움에 젖어 들고 공허한 마음만 쌓인다. 걱정 없고 철없이 즐겁게 놀던 옛 친구들은 세월의 아픔을 아는지 모르는지 객지에서 각 직종에 종사하면서 여유롭게 또는 어렵게 살아가고 있다는 소식도 간간이 들려 온다. 생사를 알 수 없는 친구들도 있다는데 그리움의 편지를 띄우고 싶지만 그렇지를 못하는 애달픈 마음을 어찌할까. 옛 추억에 대한 요철凹凸이 심해 마음의 병을 나이 먹으면서 앓지 않아야 할 터인데 고민이 쌓여 가는 것 같다.

이제 옛날은 가고 없어도 그때가 그리운 것은 한가닥 남아 있는 동심, 마음속 영원한 옛동산을 지우지 않기 위한 몸부림인지도 모른다. 홍난파 작곡, 이은상 작시 〈옛 동산에 올라〉의 "내 놀던 옛 동산에 오늘 와 다시 서니 산천의구란 말 옛 시인의 허사로고 예 섰던 그 큰 소나무 베어지고 없구려"와 이호섭 작곡 손승교 작시의 〈옛날은 가고 없어도〉의 "더듬어 지나온 길 피고 지던 발자국들 헤이는 아픔 대신 즐거움도 섞였구나 옛날은 가고 없어도 그때 어른거려라"라는 시구와 멜로디가 가슴에 와 닿아 흐느낌으로 이어진다.

추억이란 바람에 스쳐가는 것이 아니다. 잔잔한 호수에 물결이 일듯 바닷가 모래밭에 물결이 밀려오듯 하는 것이다. 세월도 그렇듯 밀려와 그리움으로 변하여 그리움에 젖어 살고 싶어진다. 옛 모습들이 그리워지면서 정情으로 이어지기도 하기 때문이다. 삶의 기를 잃었을 때나 혼미하여 방황할 때 내 놀던 옛 동산을 올라와 보면 많이 변했지만 큰 위안이 되기도 한다. 괴롭고 슬플 때 추억이란 영상편지들을 떠올리면 마음이 가라앉는 것이기에 더욱 그렇다. 술도 정 있는 사람과 마시면서 대화하면 즐겁듯 내 놀던 옛 동산에 오르면 즐거우면서 착잡한 감성에 젖어 든다. 그리움과 정이 떨어지면 인생은 삭막한 들판과 암흑 같은 동굴 속을 걷는 것 같아 마음을 참담하게 한다. 옛 동산은 나에게는 풍부한 감성과 함께 가버린 시간들을 붙잡고 추억에 가득찬 사연들을 떠올리게 한다. 옛 친구 누군가에게 보내 기억을 되살려 과거로 회귀하고 싶은데 아쉽게도 갈 곳이 보이지 않는다.

김장 김치의 맛

김장철에 담근 김치. 입동을 전후해서 겨울 동안 먹을 배추, 무김치, 동치미, 깍두기 등을 한목에 담근 음식의 맛깔스러움이란 어떻게 표현할 수 있을까. 예로부터 김장철이 되면 김장 김치를 담가 김장독에 넣어 누름돌을 올려놓았다. 김장철에 배추나 무 같은 채소를 소금에 절였다가 고추, 파, 마늘, 새우젓, 갈치젓 등에 온갖 양념들을 버무려 넣고 담근 김치의 맛이란 담근 사람만이 아는 소중한 비밀일지도 모른다.

옛날에는 냉장고가 없어 마당이나 텃밭 한쪽에 구덩이를 파서 김치 위에 누름돌을 얹고 김장독을 묻어 놓았다. 그러면 겨울철 땅속에서 변하지 않고 숙성되어 봄, 여름까지도 먹을 수 있었으며 그 맛도 정말 이루 말할 수 없었다. 지금은 각양각색의 김치 냉장고가 있어 주부들에게 인기가 있고 편리하게 한몫을 톡톡히 해내고 있다.

옛날에는 가족이나 이웃들이 모여 앉아 웃어 가면서 남의 흉도 보고 아무개는 어떠네 하며 정겹게 이야기들을 하면서 김장 김치를 담그고 나누어 먹기도 했다. 그런데 지금은 이웃이 아닌 가족끼리 담그거나 주부 혼자서 끙끙대면서 담그는 모습은 처량하게 보이기까지 하다.

가난한 시절에도 김장 김치를 시장에서 구입하기도 했지만 계절에 맞추어 상추, 파, 마늘, 감자, 고구마 등 여러 종류의 먹거리인 채소와 먹잇감을 심어 가난한 살림살이를 꾸려 나갔다.

김치는 삼국시대부터 먹기 시작한 것으로 종류는 200여 가지가 넘는다고 백과사전에 기록되어 있다. 흔히 많이 듣는 김치의 종류는 배추를 비롯하여 무, 갓, 오이, 겉절이, 보쌈, 고들빼기, 치자, 시금치, 미나리, 가지, 고구마줄기, 쑥갓, 나박김치 등 계절에 따라 많이 보고 듣고 있는 것들이지만 이외에도 그 이름을 기억하기 힘든 김치가 있었다.

유네스코에 우리나라의 김장문화가 '인류무형문화유산'으로 등재되어 있는데 김치가 아닌 김장, 말하자면 한국에서 김치는 담그고 나누는 문화이고 또 유네스코는 김장문화를 "한국인의 일상에서 세대를 거쳐 내려온 김장은 이웃 간 나눔의 정신을 실현하고 연대감과 정체성, 소속감을 증대시킨 매개체다."라고 기록되어 있다고 한다. 다른 나라에서 김치 담그는 건 김장이 아니라는 것을 분명히 밝힌 것이다.

예부터 김장은 긴 겨울 절기의 먹거리를 준비하는 큰 행사의 하나였다. 김치를 담그는 것은 집집마다 비슷비슷했다. 입맛에 따라 양념 넣기가 약간씩 달랐지만 정성이 담겨야 하고 버무리는 손맛이 있어야 제맛이 난다고 했다.

외국에서 김치는 한때 천덕꾸러기 신세였지만 지금은 한국인의 자랑거리 중 하나가 됐다. 미국에서는 김치 냄새 때문에 아파트에서 쫓겨나기도 했다고 하며 특히 냄새가 고약하게 나서 외국인들이 가장 싫어했다는 소리를 어릴 적에 많이 듣기도 했다. 이제는 관광객도 증가하고 한국문화를 알고 이해하며 맛의 비밀도 알게 되어 많이들 좋아하고 선호한다고 한다.

김장 김치는 우리의 지혜가 담긴 음식문화이다. 나눔의 정신이 배어 있고 뜻이 있는 먹거리이다. 가는 세월과 오는 세월을 어떻게 막을 수는 없듯 선조들의 혼과 지혜가 담긴 김치의 맛과 김치 담그는 문화는 영원토록 우리의 마음밭을 가꾸고 성숙하게 할 것이다.

음식 타박의 뒷맛

음식 타박하면 복이 달아난다고 했다. 그런데 옛날에 흉년 들어 굶주리고 배고플 때도 음식타박을 했겠는가 생각해 본다. 모르긴 해도 음식 타박 하기란 쉬운 일이 아니고 또 흔한 일도 아니었다.

궁핍했던 어린 시절 가끔은 쌀밥과 보리밥을 먹었다. 때로는 죽과 고구마나 감자로 끼니를 때우거나 또 확에 보리를 갈아서 보리개떡을 먹을 때도 많았다. 반찬은 배추김치나 무김치, 간장이나 된장이 나오고 운수 좋은 날은 상추까지 곁들였다. 상추는 그야 말로 으뜸의 채소로 상추쌈은 정말 기가 차게 맛이 있었다.

지금도 그렇지만 그중에서도 죽은 정말 먹기 싫은 음식 중 하나였다. 왜 그렇게 못된 버릇이 생겼는지 모르지만 배고플 때도 죽은 정말 고통스러운 존재로 음식 타박의 대상이 되었다. 그렇지만 음식 타박을 할 수가 없었다. 때로는 10명의 가족이 어머님의 정성스레 차린 밥상 위에 밥과 반찬을 놓고 한자리에서 식사할 때 아버님은 "음식 타박을 하면 3대를 빌어먹는다."라는 말씀을 가끔씩 우리들에게 들려주셨기 때문인지도 모른다.

음식 타박은 지나간 과거보다는 현재가 더 심한 것 같다. 먹을 것이 풍부하고 다양하여 이것저것 선택의 권한이 늘면서 노소불문하고 돈만 있으면 아무 곳에서나 먹을 음식을 쉽게 구입할 수가 있기 때문이다. 특히 어른들보다는 자녀들의 음식 타박이 심한 편이다. 부모들의 입장에서 보면 떼치 못할 정 때문이라고 생각된다. 사랑스럽고 귀여운 자녀들이나 손자 손녀들의 요구를 안 들어 주자니 골내고 들어 주자니 못된 버릇에 물들 터인데 마음 중심잡기가 꽤 어려워지고 고민스럽게 된다.

옛날에는 자녀들이 밥상머리에서 음식 투정을 하면 어른들한테 숟가락으로 얻어맞았다고 하는데 지금 시대에는 그러한 행동을 하는 어른들은 없다. 아이들을 마음대로 때릴 수도 없는 세상이다.

때로는 음식점이나 술집에서 음식 타박이나 투정하는 사람들도 보게 된다. 무슨 반찬이 이렇다느니 저렇다느니 하면서 중얼거리거나 꾸짖는 모습을 보게 되면 자기 집에서도 마찬가지일 것이라는 생각이 든다. 음식 타박이나 투정을 하면 틀림없이 아내한테 좋은 소리 못 듣고 무시당하며 스트레스가 쌓이고 싸움으로 이어질 수 있기 마련이다. 음식점에서도 조미료나 소금, 간장 등 여러 양념들을 그릇에 담아 놓고 손님 입에 맞게 먹을 수 있도록 했으면 하는 바람도 해본다.

나도 어쩌다 간혹 음식 타박을 할 때가 있다. 지금도 죽은 잘 먹지 않지만 뜨거운 음식을 비롯, 짠 음식과 질척한 밥을 제일 싫어한다. 뜨거운 음식은 딴 그릇에 담아 식혀서 먹는다. 짠 음식은 물에 섞어 먹고 질척한 밥은 억지로 먹지만 마음은 편하지 않는 것이 솔직한 심정이다. 마음속으로 싱겁게 음식을 만들고 각자 입에 맞게 먹을 수 있도록 밥상에 양념 그릇을 놓으면 좋지 않을까 싶다. 어언 40여 년의 세월을 같이 부부생활을 큰 탈 없이 함께해왔다. 그런데 배고픈 시절에는 음식 타박을 못 했는데 이제 와서 음식 타박하는 것 같아 뒷맛이 씁쓸하고 미안하기도 하다.

인간은 노화하면서 모든 기관의 기능이 쇠퇴하기 마련이듯 맛을 느끼는 감각도 마찬가지인가 보다. 맛을 느끼는 미각세포는 30세부터 매년 1%씩 감소하고 70세 때는 40%의 손실을 가져 오며 후각은 40세부터 감소하고 70세 때 50%가 저하된다고 한다.

음식 타박은 아니지만 불가에서도 육류와 5가지인 오신채 즉 양파, 마늘, 부추, 달래, 흥거(무릇)를 금기시하고 있다는데 오신채를 먹으면 화도 잘 내고 음욕이 생기며 냄새가 지독하여 선신들이 싫어한다고 한다.

가정의 화목과 평온을 위해 조심하면서 타박이나 투정을 하지 말아야 하겠다. 피할 수 없으면 즐기고 행복해 웃는 것이 아니고 웃어서 행복한 것이라는 말처럼 즐기면서 행복한 감정에 익숙해지고 싶은데 그렇게 될지 걱정이 앞선다.

보양탕 이야기

몸의 원기와 양기를 돕는다는 보양탕, 내 어릴 적 어른들께서는 개장국이라 불렀다. 그래서인지 여름 삼복더위 속 먹을거리를 들라면 보신탕을 생각하게 된다. 주로 복伏날에 먹게 되었는데 복伏자는 덥다는 뜻과 개가 엎드린다는 의미를 동시에 지니고 있다고 생각했다. 몸의 원기를 돕는 탕국은 먹을 것이 부족했던 옛날, 개는 중요한 동물성 단백질 섭취의 근원이었다. 지금처럼 애완용 성격이 아닌 식용의 개념으로 통했다. 그리고 개들은 특별히 먹이를 주지 않아도 동네를 이리저리 다니면서 크는 가축이었기에 부담 없이 잡기도 했는데 장에 소화 흡수가 잘되어 특히 배고팠던 여름철 서민들에게는 최적의 단백질 공급원이 되었지 싶다.

보신탕! 하면 혐오식품이라서인지 여론에 휘말릴까봐 그런지 글 쓰는 분들이 거의 없다. 그리고 좀처럼 읽어볼 기회도 없다. 방송용 멘트도 아니고 목적을 둔 특집도 아니어서 지나간 세월에 따른 에피소드를 떠올려 볼까 한다.

1950년대 초반 나는 초등학교 2학년이었다. 그때, 내가 살던 동네는 6·25사변으로 인해 인민군들이 점령하고 있었다. 그들이 동네를 돌아다니는 개를 보면 총으로 쏘아 잡고 커다란 솥에 장작불을 때 끓여 먹는 것을 보았다. 무섭기도 하고 야만적 행동으로 몹쓸 짓을 하는구나 하는 생각도 들었다. 세월이 지나 알게 됐지만 식량이 부족했던 이북사람들은 개고기를 좋아하고 많이 잡아먹었다고 한다.

1950년대 중반에는 선교사와 같이 외국인 의사가 있던 예수교 계통의 J병원에서는 환자들에게 개고기는 몸에 나쁘다고 못 먹게 했다. 개를 나뭇가지에 매달아 죽이고 장작불에 그을려 잡아먹는 모습이 보기 흉해서 그랬을 것이다. 그러나 시간이 흘러 병원장인 C 박사는 수술 후 환자들이 먹으면 몸이 빨리 회복된다는 말을 듣고 병원 앞 마당가에서 개장국을 끓이는 것을 허용했는데 실제로 그 장면을 보기도 했다.

중학교 1학년 때는 이웃집 어른이 몸이 아파 개장국을 사오라 심부름을 시켰다. 당시 한 그릇에 50환인가 하던 때라 40환어치만 사고 나머지 10환을 같이 간 동네아이와 빵과 사탕을 사먹자고 했지만 차마 그럴 수 없었다. 어린 나이였지만 그래도 양심은 살아 있었고 못된 짓이란 것을 알고 있었을까 생각하면 지금도 웃음이 나온다. 그때 당시 고사동의 좁은 골목 안에 '꼽싸(곱사)집'으로 불리는 개장국 집이 있었는데 주인이 아주 키가 작은 곱사였기 때문에 붙여진 이름이었을 것이다.

1960년대 중반 광주비행장에서 군인생활 중 14일 간의 휴가를 얻어 집에 왔을 때 어머니는 군에서 잘 먹지도 못하고 고생한다고 개와 옻나무를 삶아 보양탕을 만들어 주셨다. 어머니의 속 깊은 사랑이었다. 그런데 그 사랑의 옻이 온몸으로 번져 당시 이름난 고사동 Y외과병원에서 치료를 받으면서 고통을 당해야만 했다.

88올림픽 때는 배우 브리지드 바로드를 비롯해서 외국인들이 보신탕 먹는 것에 반발해서 야만적 식습관의 주범으로 몰리기도 했다. 또 동물 애호가들이 거부운동을 전개하여 도시의 보신탕집들이 수난을 당했다. 행정당국이 외국인들이 잘 보이지 않는 도심 밖으로 옮기도록 독려해 업주들은 눈물을 머금고 가게를 옮겼지만 지금은 도심 곳곳에서도 볼 수 있어 세월의 무상함을 느끼게 하고 있다.

최근 중국에서는 개고기 식용 논란이 뜨겁다고 외신이 전했다. 그리고 개를 500마리 가량 태우고 보신탕집으로 이동하던 트럭을 동물애호단체 회원들이 막아섰는데 15시간 대치 끝에 화물 주인이 실비를 보상해 주면 개를 죽이지 않겠다고 약속했고 한 동물애호단체가 11만 5000위안(약 1900만 원)을 지급해 개를 구했다고 한다. 이에 따라 인터넷에는 400만 건이 넘는 의견이 올라와 인간의 친구인 개식용을 비난했다. 하지만 소, 돼지는 괜찮고 개고기만 문제 삼는 논리적 근거가 뭐냐는 반론도 적지 않다고 했다.

지금 생각하면 나는 보신탕을 좋아하지도 싫어하지도 않는 편이다. 보신탕을 좋아하는 사람들은 뜨거운 뚝배기 그릇에 된장, 대파

나 양파, 또는 부추를 잘게 썰어서 듬뿍 넣고 땀을 뻘뻘 흘리며 먹어야 잘 먹었다고 한다. 특히 양기에 눌려 음기가 엎드려 있는 뜨거운 여름삼복에는 보신탕, 삼계탕을 주로 보양식으로 많이 먹는 것만은 사실이다.

흔히들 복날 개 패듯이 팬다는 말이 있다. 막돼먹고 형편없이 어지러운 판국을 개판이라 하기도 하고, 사람 못된 놈은 개만도 못하다는 말도 많이 쓰며 개망신이니 개망나니니 하고 개에 대한 부정적이고 조소적인 말에 애꿎은 개만 피해를 보는 것 같아 언어의 순화도 필요하지 싶다.

따지고 보면 개들이 사는 세계는 엄연한 질서와 예절도 있고 후각과 청각이 발달하여 사냥개로 또는 인명 구조견으로도 쓰인다. 그런가 하면 개를 의인화해서 견공이라 부르기도 한다. 과학전문지 사이언스(2002년 11월판)를 보면 스웨덴 왕립기술연구소의 과학자들이 전 세계 500종 이상의 개 DNA를 분석한 결과 지구상에 퍼져 있는 모든 개의 조상이 1만 5000여 년 전 동아시아에서 길들여진 야생 늑대라는 연구 결과를 발표했다. 어쨌든 많은 동물 중 개가 사람들과 각별히 친한 것은 분명하다. 엎드릴 복伏자는 사람인人자에 개견犬자와 합해 이루어져 사람과의 밀접한 관계를 의미하기도 한다.

인간의 삶은 다양성을 이루고 있어 사람에 따라 관점이 다를 수 있다. 그러므로 보신탕에 대한 호불호好不好를 떠나 현실적으로 음식문화의 찬반 논의는 끝이 없어 보인다. 그리고 그 해결의 답 또한 영원한 숙제로 남을 것 같다.

취중무골醉中無骨

술은 격식과 원칙을 떠나 정으로 마셔야 좋다.

기쁠 때 한 잔, 슬플 때 한 잔, 화날 때 한 잔, 괴로울 때 한 잔. 여러 가지 이유가 있지만 한 잔의 유혹은 과거나 현재를 막론하고 사회 생활하는 사람들의 공통적인 변명이다.

혼인, 제사 때는 물론이고 각종 잔치에도 빠질 수 없는 것이 술이다. 모임의 분위기를 즐겁게 하기 위해, 인간관계를 부드럽게 하기 위해, 심신의 피로를 풀기 위해 찾는 게 술이다. 술은 잘 마시면, 기쁠 때 더욱 즐겁고 슬플 때는 위안이 되며 근심 걱정 때는 안심이 되고 두려울 때는 편안을 주기도 한다.

술 한 잔은 마음을 열게 하고 차 한 잔은 가슴을 열게 하고 담배 한 대는 생각을 열게 한다던가. 사람에 따라 표현의 방식이 다르지만 술은 좋아서 마시고, 실수하며 마시고, 마음으로 마시고 즐겁게 마시면서 이야기로 꽃을 피우기도 한다. 한두 잔 마시고 흥분되면 말이 많아지면서 말실수도 하고 대화를 나누다 보면 가슴 아픈 일들이 떠올라 울기도 하면서 가슴을 쓸어안기도 한다. 술에는 보이지 않는 눈물도 있다. 그래서 마음을 풀어내는 절친한 친구와 같은 것이다.

술은 즐거움과 슬픔, 쾌락과 고통, 밝음과 어두움, 독과 약의 양면성을 가졌다. 술은 근심을 다스려주는 치수약治愁藥, 또는 백약지장百藥之長이라 하지만 때로는 역효과의 부작용도 있는 백독지원百毒之源으로 알려져 만병의 근원이면서도 감정을 다스려 주는 좋은 음식이라 여긴다. 술로 인해 병을 얻어 수술하거나 여러 이유로 금주, 절주하는 사람도 있지만, 술을 좋아해서 즐기는 사람도 꽤 많다.

생활에 여유가 없고 힘들게 살았던 1950년대 후반, 1960, 70년대의 술집 풍경은 초라하기 그지없었다. 돈 있고 지식층이라 할 수 있는 사람들은 스탠드바나 룸살롱, 유흥주점을 주로 찾았지만 서민들은 값싼 대폿집의 막걸리를 마시고 형편이 조금 나아지면 병막걸리집을 찾아가 한 잔씩 마시는 걸 좋아했다. 대폿집은 계층 간의 차이를 별로 느끼지 못하고 시끌시끌한 분위기와 온갖 삶에 얽힌 푸념들을 쏟아내기에 안성맞춤이기 때문이다. 또한 어둡고 고달픈 삶을 살아가는 사람들이 한 서린 가슴을 실타래처럼 풀어내어 위로를 삼기에도 넉넉한 공간이었다.

생각하건대 1980, 90년대를 지나 2000년부터인가는 왕대포의 막걸리집은 꽤 많이 변화되었다. 깨끗한 탁자에, 다양해진 안주에, 넓고 깔끔하게 정돈된 공간이다. 서민들이 마음 놓고 들어갈 수 있는 그런 분위기는 아니다. 왠지 막걸리와는 어울리지 않는 호화치장을 하고 들어선 상점들이 태반이다. 그러나 어쩌랴. 시대의 변화이고 흐름인 것을.

분위기에 따라 대화의 종류도 여러 가지인데 술 마실 때는 정치이야기는 하지 않는 게 예의고 통칙이다. 사상이 다르고 색깔이 다르고 바탕이 다른데 잘못했다간 말싸움으로 번지기 십상이다. 심한 말싸움으로 번지면 흥분되고 격앙되어 욕설이 오가다가 주먹다짐까지 오갈 수 있다. 그래서 술집에서 정치이야기는 금물이다. 오나가나 정치는 말썽만 부리는 특성을 가지고 있는가 보다.

술을 마실 때는 맛깔스런 우스갯소리와 술과 성에 관한 이야기만 하는 것이 좋다. 그래야만 분위기가 좋아지고 흥에 젖어 웃음이 나온다. 한 번 웃는데 3일 젊어진다고 하니까 자주 웃어 오래 사는 비법을 익히는 것도 좋겠지 싶다. 또 자리가 무르익고 길어지면 서로의 가슴에 품은 한도 풀고 가정사도 나오고 나라님도 자리에 없으면 욕을 하듯이 좌석에 없는 친구 이야기와 세상사 돌아가는 이야기며 지난날의 경험담 등을 털어놓으면 귀도 즐겁고 가슴도 툭 터져 상쾌함을 느끼기도 한다.

술은 막걸리, 소주, 맥주, 양주에 요즈음은 가양주, 민속주, 토속주 등 많은 종류의 전통주가 있다. 술을 제조하는 방법들이 다양하고 간편하여 요즘은 각 가정에서도 먹기 좋게 취향에 따라 술을 만들어 마시기도 한다. 그중에서 내가 제일 좋아하는 술은 막걸리, 즉 애칭으로 부르고 있는 '코리안 커피'를 꼽겠다. 요즈음은 새맛의 막걸리가 와인보다 인기가 높다. 일부는 수출까지 하며 세계화를 적극 시도하고 있으며 막걸리 애호가들이 늘고 있는 추세이다.

막걸리는 신라시대부터 있어 왔다 한다. 빛깔이 쌀뜨물처럼 희고 탁하여 탁주濁酒, 백주白酒, 박주薄酒, 회주灰酒라 하고 농가에서 빚은 술을 농주農酒라 하는데. 힘든 농사일을 할 때 농민들에게 가장 큰 힘이 되어 준 것이 막걸리가 아닌가 싶다.

소주는 벚꽃나무 아래서 마셔야 맛과 멋이 있다고 한다. 그러나 코리안 커피는 가을엔 낙엽진 산사의 모퉁이에서, 겨울엔 따뜻하고 온화한 대폿집 난로 옆에서, 봄날엔 산야에서 꽃들의 잔치를 보면서 마시면 그만이다. 특히 여름엔 냉동고 속에 얼려 두었다가 산속 시원한 나무그늘이나 맑은 물 흐르는 계곡에서, 강기슭 타고 오는 바람소리 들으며 강가에서, 하얀 파도가 밀려오는 바닷가에서 시린 술 한잔할 때의 그 기분이 비밀스런 맛인 것을 아는 사람은 별로 없지 싶다.

계절에 따라 마시는 술은 나름대로의 멋과 운치가 있겠지만 그 중에서 여름에 마시는 코리안 커피가 최상인 것 같고 또 하루의 술은 뭐니 뭐니 해도 일 끝내고 해거름에 한 잔 마시는 게 제일 좋은 것 같다. 어떤 말을 해도 후환이 두렵지 않은 마음 통하는 친구끼리 서로 좋은 맘으로 주고받아 마실 수 있는 술 한 잔. 삶의 애환을 나누면서 열심히 건강하게 살다 건강하게 떠나면 얼마나 좋을까.

옛사람들이야 주도를 잘 지켰지만 지금 사람들은 격식이나 원칙 없이 편안하고 즐겁게 마시면서 언중유골言中有骨보다는 취중무골醉中無骨의 자세로 격의 없이 정으로 마셔야 하는 것이 아닐까 싶다.

그 시절 그리운 선술집

오랫동안 잊혔던 주점 선술집. '주점' 하면 굶주리고 배고팠던 시절의 선술집이 떠오른다. 지난날 낭만적이거나 멋을 내 표현할 때 더러는 목로주점 또는 선술집이라고 부르기도 했던 그 이름이다.

부담 없이 '서서 먹던 술집' 그것이 바로 선술집이었다. 선술집 하면 대폿집이 떠오르고 대폿집 하면 막걸리가 우선 생각난다. 낯설고 비싼 양주인 위스키나 와인도 아니고 그렇다고 독한 우리의 소주도 아닌 막걸리를 큰 바가지로 퍼주고 사발 잔으로 마셨던 때가 그리워진다. 땅속에 묻어 놓은 항아리에서 바가지로 텁텁한 탁주를 퍼서 사발에 부어 주는 주모, 안주는 달랑 김치 하나였다. 아니면 짭짤한 젓갈류가 전부였고.

≪삼국사기≫에 의하면 대포란 신라 6대 왕이 지방에 순회 갔을

때 자신을 흐뭇하게 해준 신하에게 '주다酒多'라는 벼슬을 주었는데 바로 대포마을이었다고 한다. 그리하여 대포가 술을 뜻하게 된 것은 세종대왕 때라고 알려져 왔다.

1950~60년대 선술집의 대포막걸리는 주로 가난한 사람들과 근로자들이 마셨다. 그리고 농사일을 하면서 새참과 함께 막걸리를 마신 것이 농부들이 잘 마시는 것처럼 되었다. 도시에서는 골목에 위치해 있어 협소하지만 행복을 안겨주는 정겨운 주막집이었다. 농촌에서의 주막집은 술도 팔고 밥도 팔며 나그네가 쉬어 가는 집이라고들 하는데 도시에 살고 있던 나는 불행하게도 나그네의 특혜를 누리지 못하고 지내왔다.

나는 완산고을에서 살면서 주로 친구들과 서서 막걸리를 마시며 참담하고 냉혹한 생활 속에서 지내야 했다. 그리하여 자연스럽게 고생담을 나누고 현실을 냉소하며 이야기하게 되었다. 서로가 선택하지 않은 삶을 살아내면서 미래를 위해 굳게 살아가자며 눈물 젖은 빵을 먹어보지 않은 자와 인생을 논하지 말라는 말을 자주하곤 했다. 그렇듯 힘겹고 빠듯한 환경 속에서 얽히고설킨 마음을 풀어가면서 살아온 지가 벌써 50여 년이란 긴 세월의 이름으로 훌쩍 흘러가 버렸다.

그 당시 낭만에 젖어 서민들의 마음을 담은 가수 이연실의 노래 〈목로주점〉이나 백년설의 〈번지 없는 주막〉을 노래하며 벽에 걸린 백열등이 흔들리는 선술집에서, 때로는 궂은비 내리는 밤에 우울하고 슬픔에 깃든 이야기들을 쏟아 내기도 했다. 고단한 서민이 잠시 삶을 잊고 걱정과 고통을 내려놓을 수 있는 안식처와 같은 곳, 이곳이 바로 목로주점이었지 않나 싶다.

지금은 복잡다단한 시대의 변화에 따라 술 문화가 바뀌어 서민들의 벗인 대폿잔으로 술 마시는 선술집 풍경은 없어지고 말았다. 대신 현대식 건물 내부에 밝은 불빛의 형광등 아래에서 술독 대신 냉장고가 자리 잡고 다양한 안주에 의자와 탁상이 즐비하게 놓여 있어 옛 모습이란 전혀 찾아볼 수 없는 상황이다. 선술집과 목로주점은 아련한 추억 속으로 빠져들고 있다.

1970년대의 후반에는 호프집과 스탠드바와 병 막걸리가 유행했다. 1980년대에는 양주와의 폭탄주가 시작되어 음주 문화의 주인공으로 자리매김 되었다. 세월이 가면서 현대의 젊은 세대와 유행에 따라 맥주 대신 에너지 음료를 섞은 에너지 폭탄주와 값비싼 탄산수에 양주나 소주를 섞어 다양하게 마시는 양상으로 변해 가고 있다. 술은 그 사회의 성격을 나타내는 역할을 하고 우리 자신의 모습을 비추는 사회의 거울이라 한다고 하는데.

지금도 대폿집 막걸리를 마시며 뒤돌아보면 삶이란 괴로움과 고통이라 느끼면서 이런저런 삶의 파도를 이겨냈기 때문에 지금까지 생존해 올 수 있었던 것은 아닐까 한다. 그리고 그 시절 많지 않은 돈으로 사람 냄새 맡으며 마실 수 있는 공간이 선술집 대포막걸리였다. 서로가 현재와 미래를 생각하며 서서 눈물 젖은 막걸리를 큰 사발로 한잔씩 마셨던 그때가 그리워진다. 눈물 적시지 않고 산 인생은 가치가 없는 삶이 아닌가. 이제 그 세월은 바람처럼 사라져갔다. 다만 삶의 역겨움과 고통 속에서도 낭만이 담겼던 추억은 그리움과 아쉬움으로 남아 있다.

손칼국수의 맛

먹거리가 많고 흔한 세상에 무슨 칼국수 이야기냐고 묻는다면 별로 할 말이 없다. 그러나 사람은 때로는 옛것 찾기를 좋아하고 즐기고 싶은 간절한 마음이 있는 것 같다. 다양한 맛의 음식을 찾는 호식가는 아니지만 배고팠던 시절의 손칼국수의 맛은 살기 좋고 배부른 오늘날까지도 또렷이 기억이 나며 그 맛과 향이 자꾸 그리워진다. 나의 경우 그 맛과 향은 아들과 딸들을 위해 어머님이 정성스럽게 손으로 주물러서 만든 칼국수이기 때문이다.

손칼국수는 밀가루에 적당히 넣어 간을 맞춘 소금물을 조금씩 부으면서 양푼에 반죽을 되게 하여 약간 숙성을 시킨다. 숙성이 되면 그것을 도마에 올려놓고 주먹 크기만 하게 잘라 밀대인 방망이로 얇고 납작하게 밀가루를 뿌려가며 밀어 둘둘 말아서 포개 놓는다.

그런 다음 가늘게 또는 두껍게 칼로 썰어서 칼국수를 만들 때의 모습이 아스라이 떠오르면서 눈물이 괸다.

다양하고 풍부한 양념들이 많지 않았던 그 시절, 멸치 국물에 손칼국수를 넣어 끓이다 파를 넣거나 호박을 가늘게 썰어 넣고 간장으로 기본 간을 하여 국자로 저어 가며 끓인다. 양념은 별로 없지만 부드럽고 깊은 맛과 쫄깃하고 깔끔하며 담백한 맛은 참으로 일품이었다. 그리고 칼국수를 먹고 남은 국물에 찬 보리밥 한 수저를 넣어 먹던 맛은 지금도 잊을 수 없는 한 편의 그림 같은 맛 이야기이다.

먹거리가 풍성한 오늘날에는 허기를 채우기 위한 먹거리보다는 즐기기 위한 맛과 건강을 위한 먹거리들이 종류도 다양하고 맛도 좋다. 칼국수도 호박칼국수, 메밀칼국수, 사브칼국수, 소고기칼국수, 깻잎칼국수, 닭칼국수, 들깨칼국수, 도토리칼국수 등 어떤 종류의 재료를 넣느냐에 따라 다양하다. 좋은 육수에 바지락, 홍합, 미더덕, 새우, 문어 등을 넣은 많은 종류의 해물 칼국수들이 있고 또 어떤 종류의 재료를 넣느냐에 따라 여러 맛과 향을 음미할 기회도 많다. 그러나 옛날 굶주렸던 시절에 먹던 칼국수와는 많은 맛의 차이가 있다. "시장이 반찬"이라고 배고플 때 먹는 음식의 형용할 수 없는 맛은 겪어 본 사람만이 아는 특미일지도 모른다.

근래 도시 중앙과 변방에 이름난 칼국수집을 가끔 찾곤 한다. 어린시절 추억과 더불어 칼국수를 좋아해서다. 풍성한 반찬에 먹음직스러워 보이지만 맛을 보면 깔끔하고 쫄깃하며 담백한 옛 맛은 느낄 수가 없다. 그래도 사람들이 몰려들고 맛있게 먹는다. 그 모습을 보면 나이 든 사람들은 별로 없고 가까운 친구끼리 또는 연인이나 가족들과 같이 먹는데 고개를 갸우뚱거리게 된다.

언제나 마음과 손에서 묻어 나오는 정성이 담긴 맛이 제일인 것 같다. 기다리는 손님들을 위해 빨리 해야 한다는 강박관념의 속성 때문인지 대부분의 칼국수집 간판을 내건 상가들은 기계를 사용하기에 맛있는 감각이 이미 사라지는 것 같다. 손맛은 오랜 경험 끝에 오는 느낌의 맛과 정성이 담긴 마음의 맛이란 것을 알게 된다. 손으로 조물락거리면 훨씬 맛이 있고 씹는 질감도 좋아진다고 하는데 손에서 나오는 리보 핵산인 RNA 분해효소로 인해 음식이 맛있게 된다고도 한다.

먹거리가 다양하고 풍성한 이 시대에 무슨 푸념과 독백을 하는 것인지 모르지만 꿈만 같은 지난 세월을 생각하면 할수록 어머님의 손맛이 담긴 칼국수가 그리워지고 더욱더 먹고 싶다.

5부

더듬어 지나온 길

어린 시절의 아픈 추억

과거보다는 현실이 중요하다. 그런데 현실은 또 과거를 되돌아보게 한다. 때로는 나이 듦에 따라 어린 시절을 되돌아보고 또 더듬어보면 얽힌 애환들이 머릿속을 스치며 가슴에 짙게 배어들기도 한다.

벌써 60여 년이란 세월이 흘렀다. 6·25의 비극적 전쟁 속에서 수업 도중 도심에 포화가 터질 때마다 학교 앞 산속으로 도망간 일들은 어린 나이에 너무나 큰 충격적이었다. 지금의 어린이나 젊은이들과 겪어보지 않은 세대들은 북한 공산당이 남침했다는 것을 생각하지 못할 것이다. 상상도 못할 역사를 부정하고 왜곡된 교육을 하기 때문이다. 그뿐 아니었다. 괴뢰군들이 밤에 동네로 와서 어린 학생들을 모아 놓고 공산당 군가를 가르치며 북한을 찬양토록 하기도 하였다.

그 당시에는 대부분 살기가 어렵고 생활이 곤란한 데다 잦은 흉년으로 어린 가슴에도 뜻 모를 서러움과 한을 품게 했다. 그리하여 부자는 못 되어도 잘살아보자는 마음만은 항상 품고 살게 했다. 그 시절은 지금의 초등학생들은 상상도 못할 가난의 연속이었다. 먹는 날보다는 굶는 날이 많았다. 어린 시절의 굶주림은 대부분의 서민들이 겪어야 할 운명적인 아픔이었다.

그때의 내 모습을 생각하면 눈물이 고인다. 식구는 많고 단칸방에서 잠자고 공부하기가 불편해서 여유 있는 친구의 집에서 자고 아침 일찍 집에 오기도 했다. 때로는 오늘은 어느 친구 집에서 또 내일은 어느 친구 집에 자야 할까를 늘 걱정하면서 지냈다. 다행히도 나의 사정을 잘 아는 친구들이 이해를 해주어 도움을 많이 받았다.

옛날의 초등학교 시절엔 지금처럼 분반을 하지 않고 1학년 때부터 6학년 졸업때까지 같은 반에서 함께 공부를 하기 때문에 더욱 친하게 지낼 수 있었다. 하기에 집안 이야기 등을 거짓 없이 말할 수도 있었다. 그래서 가정 형편이 곤란한 것을 잘 알고 이해를 해주어 더욱 친밀감 있고 동정심도 아주 순수하게 나타내 주었다.

살다 보면 때로는 초등학교 동창생을 만난다. 같은 반에서 함께 지낸 아이가 아닌 칠순이 지난 어른으로 만나게 되어 반갑기 그지없다. 만나면 우선 음식점이나 술집으로 가기 마련이다. 그러면 자연스럽게 건강을 묻고 생활은 어떻게 하느냐면서 옛날 어린 시절을 더듬어 보게 된다. 추억을 안주 삼아 술 취해 분위기가 무르익으면 못 먹고 굶주린 얼굴을 떠올리게 되고 허름한 옷에 구멍난 고무신짝을 신은 모습의 이야기며 월사금을 못내 돈 가져오라는 선생님 말에 쫓겨나서 돈 없는 집에 가지도 못하고 한쪽 골목길 귀퉁이에서 놀다가 오면 혼나기 일쑤였다는 세월 지난 이야기도 하면서 껄껄 웃는다.

얼마 전에는 인정 많고 동정심 많아 제일 좋아했던 친구와 또 한 명의 친구를 3년 만에 만났다. 저녁 식사를 술과 곁들였다. 그리하여 자연스레 지난 시절을 더듬게 되었다. 인정 많은 그 친구 두 살 연상이지만 옛날처럼 편해서 거짓 없이 이야기를 진솔하게 나누었다. 나는 그 친구집에서 수많은 날들을 자고 아침을 먹기도 했다. 모전자전인지 그의 어머님도 인정이 많아 불평없이 후하게 잘 대해 주셨다. 인정 많은 친구는 초등학교 때 급장을 했고 중·고등학교까지 운동선수로 또 연대장으로, 공부도 잘하여 서울 모 대학 2년까지 수료한 뒤 하늘의 군인이 되었다. 그런데 제대 후 알지 못할 문제로 인하여 직장생활을 하지 못하고 공사판에서 일하게 되었는데 지금까지도 그 일을 하고 있다. 다행히 건강한 칠십 중반이지만 얼굴에는 잔주름이 있어 보는 나에게 애틋함과 아쉬움을 느끼게 한다.

끝 모를 여러 가지 이야기를 하면서 지난날들을 더듬어 보면 나도 모르게 눈물이 괸다. 또 고통스러운 가난의 굴레를 벗어나지 못했을 때 정을 베풀어 준 것을 생각하면 솟아오르는 눈물을 참을 수가 없다. 어린 시절의 동정심이 바로 순수한 마음이면서 거짓 없는 마음인 것을 느끼게 된다. 그때의 애틋하고 눈물 나는 추억들이 그리워지기도 한다. 이제 이러한 서러움이 추억으로 살아나서 남은 인생을 즐거운 삶이 되라고 재촉하는 것 같다.

금연의 추억

마음만이 몰래 찾아갈 수 있는 곳이 고향이란다. 술 한 잔은 마음을 즐겁게 하며 차 한 잔은 마음을 열게 하고 담배 한 대는 생각을 열게 한다고 한다. 심심할 때 한 대, 괴로워도 한 대, 슬플 때도 한 대, 화가날 때도 한 대씩 피우는 게 애연가들의 변이지 싶다.

어릴 때는 아버님이 쌈지에서 꺼낸 말린 담뱃잎을 곰방대에다 손으로 밀어 넣고 피우시면 연기가 방 안 가득히 차 있는 것을 볼 수 있었다. 그리고 가끔 화장실에 갈 때에도 담배를 피우시기도 했다. 어린 나이에 도대체 무슨 맛과 뜻으로 피우시는지 알 수가 없었고 그렇다고 물어 볼 수도 없었다.

생각하면 십대 후반 고등학생 때 동료 친구들 중에는 끽연하는 친구들이 꽤 많았다. 야간수업이 끝나고 잠깐 쉬는 시간이나 귀가할 때 정문을 나서면 담배를 입에 물고 가기도 하고 또 막걸리집에서 술 마시며 웃고 떠들면서 마구 피워대기도 했다. 얼마나 맛이 있는지 깊숙이 빨아대는 모습을 보면 나도 한번 피워볼까 하는 유혹에 빠져 들기도 했지만 단연코 거절했다.

끽연을 시작한 지는 21세 때였다. 군에 입대해서 고된 훈련 중에 잠깐 쉴 때나 고향 생각이 날 때나 식사 후에 또는 구타당한 후 동료들과 대화할 때에 피웠다. 호기심에 피우기 시작했지만 흡연에 익숙하지 못해 빠끔거리면 동료들한테 핀잔도 많이 듣기도 했다. 그런데 고급 담배도 아닌 군에서 공급되는 화랑 담배 연기에서 피어오르는 냄새만은 왠지 구수했다.

제대하고 직장에 다닐 때도 술 마실 때 이외는 그렇게 심하게 끽연을 하지는 않았다. 동료 애연가들은 맛과 향을 따지면서 한때는 인생의 동반자라고까지 말하기도 하며 담배를 서로 권하고 주고받는 인심은 정말 좋았다. 당구장에 가면 담배를 꼬나물고 당구키를 잡은 사람들도 있고 다방에 앉아 있으면 눈을 지그시 감고 할 일 없이 한가하게 끽연을 하는 사람이 있는가 하면 뻑뻑 피워대는 사람도 있었다. 때로는 공원이나 놀이터 의자에 앉아 아무 말 없이 침통하게 먼 산과 하늘을 보며 연거푸 담배연기를 뿜어대는 사람도 가끔 보기도 했다.

담배는 순하다고 건강에 좋은 것은 아니다. 공직에서 일할 때 어느날 아침 출근해서 늘 습관적으로 했던 것처럼 익숙하지 못한 빠끔 담배를 피우는데 끽연을 전혀 하지 않는 앞 의자에 앉은 두 계장으로부터 "담배 냄새 맡기 싫으니 피우지 말든지 밖에 나가 피우라."는 말을 듣게 되었다. 평소와 달리 인상을 쓰면서 하는 말이 몹시 귀에 거슬렸다. 끓어오르는 감정을 억제하면서 자존심 상하는 소리를 더 이상 안 듣겠다고 결심하면서 아무 말 없이 출근 시 구매한 담배 한 갑과 피우던 담배를 쓰레기통에 넣어 버렸다.

그날 이후 계속 담배를 구매한 일도 없고 끽연도 하지 않았다. 흔히 애연가들은 작심삼일이라고 끊지를 못할 터인데 대단하다고들 했다. 어느 날엔가 친구와 약속이 있어 나의 애칭인 코리안 커피 즉 막걸리를 마시게 되었는데 그 친구는 담배 골초였다. 이런저런 이야기를 하며 그 친구는 마시면서 피우고 또 피우고 할 때마다 담배연기의 향이 코를 자극했다. 그럴 때 담배 한 개비 달라는 말이 입에서 자꾸 맴돌았지만 이래서는 안 되지 하면서 욕망을 채울 것인가 아니면 포기할 것인가 망설이기도 했다. 술은 취했지만 감정을 억제하고 피우고 싶은 욕망을 억누르며 술 안주를 자꾸 입으로 가져갔다. 피우고 싶을 때마다 입을 놀리지 않고 자꾸 씹어야 했기 때문이었다.

지금 생각하면 애틋한 추억이 담긴 이야기이다. 금연은 참으로 어려운 일이다. 자기와의 싸움이기 때문이다. 특히 술 마실 때는 더욱 마음이 약해지는데 나는 강하게 잘 버티며 이겨냈다. 추억이 담긴 담배가 건강의 적이라고 생각하면서 금연하길 잘했다고 생각한다. 담배와의 악연의 전쟁은 이렇게 끝났다.

이제 금연구역의 확대로 담배를 끊는 사람들이 늘고 애연가들의 설 자리가 차츰 없게 되면서 불만의 목소리가 높아졌다. 담배 피우는 여성인구가 늘어나고 청소년들은 호기심 때문인 경우가 대부분이라는데 담배에는 4천800여 종의 화학물질과 69종의 발암 및 발암 의심 물질이 포함되어 있다고 한다. 또 흡연으로 매년 5만 8000천여 명이 사망한다고 한다. 대법원의 판결처럼 흡연은 개인의 선택이라고 하지만 자극적 성질을 가진 것을 많이 섭취하면 건강에 해롭다 하니 현명한 판단은 스스로가 해야 할 것이다.

더듬어 지나온 길

지평선은 땅끝과 하늘이 맞닿는 듯 말 듯 멀고 끝없다. 삶의 지평선도 멀고 아득하며 끝없이 보이는 것 같지만 어느덧 세월의 흐름 속에 밀려 생명의 땅끝 가까이 와 있음을 느끼게 된다. 세월이 가면 과거의 지나온 길이 선명하게 눈에 들어오며 세월의 빠름을 알게 된 뒤 조용한 마음으로 행복하게 건강한 삶을 살고 싶어진다.

더듬어 지나온 길을 보면 어머니 뱃속에서 태어나 젖을 먹고 천진무구하게 유아기를 보냈다. 그런가 하면 세상 물정도 잘 모르는 유년기에 끼니를 못 먹는 경우가 많았고, 처참한 민족의 비극인 6 · 25 참변을 겪으면서 인민군을 알게 되었다. 또 우리를 돕기 위해 온 미군을 알게 되면서 원조 물자를 받고 살았던 배고픈 시절의 시간들이 뇌리를 스치면서 떠오른다.

부유하지 못한 가정에서 자라면서 경제적 곤란으로 끼니 걱정을 하며 초 · 중등학교를 겨우겨우 졸업하고 가정을 돕는 가운데 학업을 계속하기 위해서 직공생활도 해야 했다. 이때부터 시작된 가정과 학업에 대한 강한 집념 때문에 주경야독을 하면서 받은 고통과 슬픔과 절망, 그리고 좌절과도 싸우면서 인생공부가 시작되며 삶이란 무엇인가를 되묻게 되었다. 삶이란 지평선은 아득하고 끝없이 보이기만 했다. 또 미래의 행 · 불행을 떠올려 보면서 고뇌에 찬 눈빛으로 세상사를 바라보며 번뇌로 가득 찬 시간을 보내야 했다. 처참함 속에서 황폐한 가슴을 안고 방황하기 일쑤였고 삶이란 무엇인가를 조금씩 느끼기 시작했다.

이때 푸시킨의 시 〈삶의 찬가〉를 만나 큰 위안이 되어 슬픔의 눈물을 멈출 수가 있었으며 시란 것도 알게 되었다. “생활이 그대를 속일지라도/ 노하거나 슬퍼하지 말라/ 설움의 날을 참고 견디면/ 머지않아 기쁨의 날들이 돌아오리니 /마음은 미래에 사는 것/ 현재는 언제나 슬픈 것/ 모든 것은 일시에 사라지나/ 지나간 것은 그리워지는 것이니….”

시련이란 한꺼번에 몰려오는 것일까. 이 무렵 고등학교를 졸업하고 국방의무를 다하기 위해 가난한 집을 멀리 두고 군에 입대하여 3년 간의 군복무를 마치고 왔다. 제대 후에도 또다시 직공생활을 하면서 가난의 극복을 위한 싸움은 계속되었다. 어쩌면 지금 겪고 있는 어려움이 내 삶의 큰 가르침이 될지도 모르고 열심히 노력하면 행복이 오고 어떠한 힘겨운 일이 있어도 버티면서 인내하고 살면 성공할 수 있다는 신념도 갖게 되었다.

주역의 복괘를 보면 자연의 운행에는 반드시 전환이 있다고 하는데 아무리 추워도 언젠가는 따뜻한 날씨로 전환될 수 있듯 절망 뒤에는 희망이 올 것이라는 믿음을 갖는 것은 역설일지도 모르겠다. 열심히 하면 된다는 신념으로 공무원이 되기 위해 저녁엔 학원을 다녔다. 결국 시험에 합격해 공무원 생활을 하게 되었다. 굴하지 않는 인생은 성공할 수 있었으며 가난했기 때문에 꿋꿋이 살 수 있었다. 또 고통은 영원한 것이 아님을 느끼게도 되었다. '고난은 선택이 아니라'는 말처럼.

공자가 말했듯 늙어감에 따라 혈기가 쇠약해지므로 재물 욕심을 경계해야 한다고 한다. 지나간 세월, 나이의 무게를 생각하며 지나친 재물욕심은 건강을 해치고 수명을 단축시키니 이제 편안한 마음으로 욕심 부리지 말고 살아야겠다고 생각한다. 또 행복을 느끼는 습관을 가지고 살고 싶다. 긍정적인 마음을 갖고 살면서 절망에서 희망으로의 생각과 실천의 물꼬를 트고 싶다.

손승교 작사 이호섭 작곡 〈옛날은 가고 없어도〉의 "더듬어 지나온 길/ 피고 지던 꽃 자욱들/ 헤이는 아픔 대신/ 즐거움도 섞였구나/ (후렴) 옛날은 가고 없어도/ 그때 어른거려라~. 그렇게 걸어 온 길/ 숨김 없는 거울에는/ 새겨진 믿음 아닌/ 뉘우침도 비쳤구나"의 노래처럼 이제 지나온 옛 일들을 추억하면서 잘못한 일들을 뉘우치기도 하면서 어려웠던 삶 속에서 절망과 슬픔과 좌절의 처참함을 흘려보내고 남은 삶을 조용하고 편안하게 살고 싶다. 때때로 노래도 부르면서.

사진첩을 넘기면서

70 초반을 넘긴 나이에 일하면서 한가롭고 유유자적하는 시간적 여유를 갖지 못하고 사는 것 같다. 인생이란 사각의 링 안에서 바쁘게 열심히 움직여야만 했기 때문이다. 또한 가난을 일찍 경험하여 젊었을 때의 고생과 고통의 괴로움 속에서 굳게 살아온 결과일 것이다. 그리고 가난을 벗어나기 위해 열심히 산 노력은 배신하지 않을 것이라는 생각에서일 것이다.

휴가철을 맞아 멀리 여행은 가지 않기로 하고 집에서 휴식을 맞게 되었다. 무덥고 뜨거운 여름 나들이를 않고 고층아파트에서 선풍기를 벗 삼아 TV도 보고 누워 있을 때였다. 우연히 책장 서랍을 보게 되었다. 그때 바로 오래된 사진첩에 눈이 들어왔다. 지나온 추억에서 뒷걸음 치지 않고 앞장서서 사진첩을 넘기고 싶었다. 가까운 서랍 속에 있었는데도 정말로 너무도 오랜만에 사진첩을 꺼내어 넘겨 보았다. 어렸을 때로부터 성인이 되기까지의 모든 과거를 보고 읽는 느낌이었다.

제일 먼저 눈에 띄는 사진은 아버님과 어머님의 모습이다. 46년 만에 아버님을, 또 22년 만에 어머님을 뵙게 되어 불효자 같은 생각이 들면서 지금 꼭 곁에 살아 계시는 것 같았다. 갖추지 않은 한복 차림의 모습으로 나의 집터에서 자연스럽게 찍은 것이 너무도 인상적이었다. 그리고 바로 옆에 있는 사진은 부모님 사후 수년 만에 고향에 온 7남매의 빛바랜 가족사진이 눈에 들어왔는데 제일 큰누나는 보이지 않는다. 세상을 먼저 일찍 떠났기 때문이다.

두 번째로 보이는 사진은 초등학교 3학년 때 두 명의 같은 반 동무와 담임선생님 그리고 1955년 3월 같은 반 졸업생 56명의 얼굴이 보이고 1995년 졸업 40주년 기념행사 때 35명의 같은 반 친구들의 반갑고 어른스러운 건장한 얼굴들이 눈에 들어왔다. 그런가 하면 1957년 중학교 졸업사진과 1962년 고등학교 같은 반 졸업생 사진이었다.

사진첩을 차례로 넘기다 보니 초 · 중 때의 졸업사진 이외는 별로 없고 고등학교 졸업 후의 사진들은 많았다. 졸업 후 사회생활을 하면서 야유회나 공원에서 또한 시냇가나 해수욕장과 그리고 산과 들에서 찍은 사진이 보였는데 그때가 왕성하게 활동하는 시기였기 때문에 친구들과 많이 즐긴 것이 아닌가 생각되었다. 또 특이한 것은 고등학교를 갓 졸업하고 신부집에서 처음으로 결혼식을 한 친구와 여러 동창생들의 모습이 눈에 띄었다.

또 시대별로 사진첩을 배열해 놓은 탓인지 군대시절 전우와 비행기 앞에서 그리고 야유회나 휴가철에 군복 입은 모습이 눈에 들어오는가 하면 제대 후 선거관리위원회에서 근무할 때와 공무원 재직시절의 동료와 야유회나 여행 때의 사진들이 눈에 띄어 감개가 무량했다.

사진첩을 보면서 가족사진이 많지 않은 것이 마음에 걸렸다. 즐거운 순간순간을 사진으로 기록하여 두고두고 가족의 의미를 새기고 또한 많은 감동을 선사했으면 좋았을 터인데 그렇지 못한 아쉬움이 가슴을 적시는 것 같다. 아쉽게도 나의 식구 가족사진은 약혼식 반지 교환사진과 결혼식 사진 및 첫딸을 공원에서 안고 찍은 모습과 학창시절의 네 딸과 같이 사진관에서 찍은 사진밖에 없어 많은 죄를 지은 것 같다. 그런데 최근 휴일을 맞아 네 딸 및 사위들과 손자손녀와 같이 남도 땅 단양에 가자는 재촉으로 죽녹원과 메타세쿼이아 거리의 숲에서 스마트폰으로 가족사진을 찍었는데 흐뭇했지만 사진첩에 끼워 넣지 못한 것이 아쉬웠다. 그렇지만 머지않은 날 사진첩에 넣어 정리될 수 있도록 기다릴 것이다.

사진첩 마지막에는 수집해 놓은 복사본 사진들이 많이 있었다. 1900년의 다가교와 서원 넘어(현 예수병원 길)길과 1910년의 전·군간 도로며 1914년의 전동성당과 1920년의 전주시가지와 남부시장 풍경, 전북도청과 1930년의 풍남문이며 1938년의 한벽루 벚꽃 등이 있다. 그 밖에 여러 사진이 있어 옛 전주시의 역사를 한눈에 보는 것 같았다.

사진 속에는 침묵만 있는 것 같지만 많은 삶이 담긴 소설과 같은 이야기들이 있었다. 줌이나 디지털카메라가 아닌 옛 사진기로 찍은 흑백 사진들 중에 일부만 골라 열거했지만 사진첩은 즐거움도 주고 웃음도 주며 옛날로 되돌아가고 싶게 했다. 또 그것을 예측했다면 사진들을 더 많이 찍어 놓고 수집하며 정리도 했을 터인데 그렇게 하지 못한 것이 슬쩍 후회스러웠다. 지난 일들의 추억을 되살렸으면 좋겠지만 뒤늦게 후회한들 무슨 소용이 있겠는가.

도장의 추억

도장을 인장이라고도 하고 투서套署라고 불리기도 하는데 투서라는 말은 거의 사용하지 않고 흔히 도장과 인장이라고만 불리어져 왔다. 더듬어 보면 지나온 세월 한때는 도장을 많이 사용했다. 그런데 이제는 이용할 가치가 점점 희박해지고 있어 안타까운 마음이다. 행정과 사무의 간소화로 인해서 또는 외국에서 쓰이는 사인제도가 널리 이용되기 때문이지 싶다.

일반적으로 도장은 인감증명서와 보증서나 계약서 또는 은행의 신규나 재발급 통장 등에서 필요하지 그 외에는 별로 가치가 없어 보인다. 이제 은행에서조차 각종 서류는 사인으로 대체하여 간편해졌다.

나의 경우 공직에 있을 때 무려 9종류의 도장을 가지고 있었는데 아마도 다른 곳으로 인사 이동할 때마다 새긴 것들이었다. 서류작성이나 결재 때는 인조 뿔도장을 사용했고 잘못 쓴 글자를 정정할 때는 끝자락에 있는 성자만 새겨진 도장을 날인하기도 했다.

또 인감도장은 상아도장을 쓰고 은행통장이나 일반적으로 제출할 서류들은 대추목이나 우각을 사용했다. 서체도 전서, 예서, 해서, 행서, 초서 등의 여러 종류가 있었는데 대부분 모양은 달라도 주로 나는 전서체이지만 아름다운 모양으로 새겨진 도장을 사용했고 그 시절에는 전서체와 예서체의 선호도가 가장 높기도 했다.

도장의 재료도 여러 가지였다. 회양목, 대추목, 벼락 맞은 대추나무의 벽조목, 코끼리 어금니인 상아, 물소 뿔인 우각, 고래뼈의 경골, 플라스틱, 수정, 인조 뿔, 옥돌 등이 있었는데 가격이 비싸 못 쓰고 그 당시는 주로 나무나 인조 뿔도장을 많이 사용했다.

이제 시대의 변화와 세대의 차이 때문인지 옛 도장집들은 거의 찾아보기가 힘들다. 그만큼 도장을 사용하는 사람이 드물고 수입도 감소했기 때문이다. 또한 지난 시대에는 손으로 미적 감각을 살려 각인했는데 이제는 고주파기로 제조하고 컴퓨터 조각기가 보급되어 전통장인들이 점점 사라지고 있기 때문이리라.

지금 나의 경우는 은행통장의 재발급 시에 대추나무 도장을 쓰거나 드물게 인감증명서가 필요로 할 때 쓴다. 또 그 외에 아주 드물게 필요하면 상아도장을 옛 면사무소 사무실 옆에 있는 이름난 도장집에서 서체를 아름답게 새김 한 도장을 서랍에서 찾아 사용하고 있다. 나머지 도장들은 잘 만져 보지도 않고 휴면상태로 있을 뿐이다. 그때마다 안타깝지만 잊힌 도장들을 보면 그 시절의 생각이 떠오르곤 한다.

서랍 속을 보면 제일 먼저 보이는 건 상아도장인데 그럴 때마다 아버님을 생각하게 된다. 아버님이 일본 강점기 때 각인했다는 사각형 상아도장을 도장집 속에 잘 간직하여 보여 주곤 했었는데 벌써 60년이란 세월이 흘렀다. 그때 처음 코끼리 치아로 만든 상아도장을 알게 되었고 또 보게 되어 참 신기했다.

불편하신 몸으로 사신 아버님이 생을 마감하시고 많은 세월이 지난 뒤 그 상아를 찾았는데 지금은 인정 많던 아버님의 따뜻한 마음의 체온을 온몸으로 느껴며 그 상아도장을 나의 인감도장으로 만들어 잘 간직하고 있다.

살아 계셨을 때는 술과 담배를 퍽 즐겨 하셨던 아버님은 "형제간에 우애를 하고 가난하게 살지 말라." 하셨던 말씀이 생각난다. 당시에는 주위의 사람들 대부분이 너무나 가난한 삶을 살았다. 그래서 형제의 우애와 가난을 이야기한 것이 아닌가 생각된다. 그럴 때마다 지나온 세월 많은 고통과 고생을 했던 시간들이 뭉클하게 떠오른다. 그러나 지금은 부유하지는 않지만 큰 불편 없이 살고 있어 하늘에서 보시면 행복해 하시겠지 하는 마음이다. 모든 부모의 말씀은 자식을 아끼고 사랑하며 행복하게 살기를 원하는 마음에서 나오는 것 같다.

자전거와 함께한 세월

육십갑자 속에 나오는 청마는 상상 속에 있는 동물인데 갑오년 새해는 청마의 해라고 한다. 청마의 해를 맞은 지도 벌써 며칠이 지났다. 뛰면서 달리는 말을 생각하니 자전거를 타고 달린 지도 벌써 40여 년이란 세월이 흘렀다는 생각이 새삼스럽다. 중학교를 졸업하고 배우기 시작한 시간들까지 합치면 50여 년 후반에 가까운 긴 여정 속의 삶을 자전거와 함께 생활해왔다.

자동차가 많지 않았던 지난날의 유일한 운반 수단은 자전거였다고나 할까. 바쁠 때 손쉽게 올라타고 볼 일을 보며 달리는 느낌이란 말로 다 표현할 수 없다. 더구나 아슬아슬한 고갯길에서 달리는 기분을 어떻게 표현할 수 있을까. 당시 아스팔트가 안 된 비포장도로에서의 자전거 올라타기는 아주 곤혹스럽기도 했다. 지금은 교통대란 시대에 살고 있어 시골길 같으면 몰라도 도심에서의 달리기란 쉬운 일이 아니다.

돌이켜 보면 자전거를 직업적으로 이용한 시기는 도심에서의 공직에 있을 때부터인데 병무담당은 꼭 있어야 할 필수품이었다. 도심 여러 곳의 동네로 신체검사 통지서나 입영 통지서를 전달하는데 걸어서는 힘이 들고 시간도 많이 소비되었다. 그렇다고 전용차도 없는 가난한 공직생활이었기에 더욱 그랬다. 입영통지서만은 꼭 본인이 수령하는 것을 원칙으로 해야 한다는 상부의 절대적인 지시가 있었고 또 본인이 수령해야만 입영기피를 막고 법적으로 아무런 하자가 없다는 수단의 조치였다. 때로는 아침 일찍 일어나기도 하고 퇴근 후 저녁에 본인을 만날 수 있는 시간을 맞추어야 했기 때문에 불가피한 일이었고 그에 따른 많은 고생을 감수해야만 했다.

자전거는 근거리 이용 수단에 좋은 것이지만 때로는 늘 위험부담을 안고 있기도 하다. 어느 날 저녁 무렵 입영통지서를 전달하고 오는 중에 젊은 운전사가 운전하는 트럭이 자전거 뒤꽁무니를 들이받아 도로 한가운데 나뒹굴어진 일도 있었다. 다행이 딴 차들이 오지 않아 큰 불상사는 없었다. 하지만 사건을 목격한 주민의 신고로 경찰이 오기도 했고 허리부상으로 며칠간 병원을 다니기도 했다.

겨울의 자전거 타기는 차가운 바람이나 눈이 내릴 때는 별로 달갑지 않고 여름의 자전거 타기는 쏟아지는 빗길이나 뜨거운 햇빛에 땀으로 젖을 때는 썩 내키지 않는다. 봄가을이어야 비로소 제철을 만난다고나 할까.

자전거는 나의 애용품이요 애장품이나 다름없다. 늘 자가용 노릇을 해주기 때문이다. 시내 어디를 가도 아주 먼 곳이 아니면 늘 타고 다니는 일명 나의 소형 벤츠 승용차라고 지인들이나 친구들에게 소개하곤 한다. 그뿐 아니다. 유일하게 자칭 음주면허증을 소지한 벤츠라고 자랑하며 놀려대기도 한다.

회사에 다니면서 퇴근 후면 매일 좋아하는 막걸리를 친지나 친구들과 만나 이러쿵저러쿵 살아가는 이야기들을 하며 한잔씩 마시면 술이 취할 때도 있는데 꼭 자전거를 타고 어김없이 귀가하는 버릇이 있다. 자전거를 놓고 가라는 친지나 친구의 당부도 듣지 않고 사고의 두려움도 있지만 그냥 대수롭지 않게 여기는 습관은 이제 버릴 때도 됐는데도 그러지를 못한다.

습관은 제2의 천성이라고 하는데 늘 위험과 사고를 내포한 음주 자전거는 이제 끝을 맺을 때가 됐다고 생각한다. 그러면서도 잘못된 습관을 버리지 못하는 아집도 이제 종지부를 찍을 때가 된 것 같다. 이 버릇과 아집을 꺾을 때 비로소 내가 나 스스로에게 돌아옴이요 이성과 본심을 지키는 약속이지 싶다.

세월과 함께해 온 신발들

짚신 신고 담배 피우던 그 시절 먼 옛날은 가고 없다. 다만 추억 속에서만 맴돌 뿐이다. 가는 세월을 어떻게 붙잡을 수 있을 것인가. 붙잡을 수만 있다면 천지개벽은 바로 눈앞에 전개될 것이다.

지나간 초등학교 시절은 고무신만을 신고 다녀 운동화와 구두를 신고 다니는 학생은 별로 눈에 띄지 않았다. 대부분 새 고무신도 못 사 신고 닳아서 구멍 난 고무신을 때워서 신고 다니는 가난한 시대의 연속이었다. 잘사는 집 사람들만 운동화나 구두를 신었다. 그리하여 모양 좋고 보기도 좋아 부러운 눈으로 바라보면서 탐을 내기도 했다.

돌이켜 보면 도시에서 자라고 커갈 때의 1950년대 초반에는 볏짚을 골라 새끼를 꼬아서 얼금얼금 날올을 짠 다음 짚신을 신고 다니는 농촌 어른들을 가끔씩 보곤 했다. 안타깝게도 활동적이지 못했고 간혹 상여꾼들이나 신고 다니는 것으로 알고 바라보았을 뿐이었다. 조선시대에는 백성과 검소한 선비는 짚신을 신었고 양반들은 보통 가죽으로 만든 갖신을 신었는데 짚신은 상고시대부터 조선후기까지 사용했고 짚신의 재료는 짚, 삼, 칡, 닥나무 껍질이었다고 한다.

1950년대 중반에는 짚신을 보기가 어려워졌다. 대신 고무신을 많이 신고 다니는 것을 볼 수 있었다. 고무로 만든 백색 고무신과 재생고무로 만든 검정 고무신이 있었는데 주로 검정 고무신을 많이 신었다. 1970년대까지 신었던 서민들의 신발이 아니었나 싶다. 고무신은 더러워지면 물로 씻으면 깨끗해졌다. 하지만 발뒤꿈치가 많이 아팠다. 그래서 가난한 사람과 농사꾼에 어울리는 신발이라고 생각했다. 고무신은 1920년대 국내에 도입되기 시작했다고 한다. 지금은 고무신을 신는 사람을 보기가 힘들게 됐다. 그런데 가끔씩 검정고무신을 신은 사람과 한복에 흰고무신을 신은 여자분들을 보게도 된다.

지금은 세월의 변화와 유행에 따라 다변화된 운동화가 활개를 치고 있다. 지면으로부터 받은 충격을 흡수하도록 고안된 각종 운동화는 발을 보호하고 보행에도 큰 영향을 미치고 인체 근육과 관절 등 부상 예방에 큰 역할도 하고 있는 게 사실이다. 수많은 종류의 운동화는 이제 더 발전하여 각종 등산화 겸용으로도 사용하며 보행에도 아주 편리하게 만들어져 있다. 보행은 일상생활에서의 인간이 수행하는 활동 가운데 높은 빈도를 가지며 유산소 운동에도 큰 도움을 주고 있다. 운동화는 전적으로 운동할 때만 신는 신발로 알았던 시대는 지났고 평상시 언제라도 편리하게 신고 다니는 시대가 된 것이다.

그런가 하면 구두는 정장에 맞추어 신는 신발이었지만 지금은 옷에 따라 유행에 따라 변화된 운동화처럼 셀 수 없는 수 많은 종류의 구두들이 보기 좋고 화려하게 장식된 시대에 살고 있다. 우리나라에 구두가 전파된 것은 1880년대 외국에 갔다 온 사람들에 의해 들어온 것이 시초라는데 1900년도에는 구두 생산 공장이 설립되었다 하니 구두의 역사도 130여 년이 지났다. 가죽구두는 때로 수명을 늘려 주기 위해 구두약을 발랐고 번쩍번쩍 빛이 나 보기에도 좋았다.

구두에 얽힌 이야기를 보면 미국 남부의 부유한 은행가들은 구두에 먼지가 쌓인 사람과는 이야기도 하지 않았다고 한다. 그만큼 깨끗하고 깔끔한 정장 스타일의 신사만 좋아서였을까.

구두계약이라는 게 있는데 입으로만 하는 약속보다 서면계약으로 해야 한다고 하는 점을 강조하고 있다. 그런데 구두계약을 했다는 그 당시 계약한 사람은 운동화를 신고 있었는데 무슨 구두계약을 했다고 하느냐고 하는 웃지 못할 농담도 있었다.

신발은 걸어 다닐 때 발을 보호하고 장식할 목적으로 신고 다니는 물건을 통틀어 이르는 말이다. 그런데 옛날에는 거동이 불편한 짚신과 고무신, 현대에는 화려하고 다변화된 운동화와 구두가 주류를 이루고 있다. 급변하는 세월의 흐름을 어떻게 거역할 수 있겠는가를 실감하게 된다. 그리고 가난했던 세월과 함께한 신발들의 추억이 머릿속에서 잠시 동안이나마 맴돌고 있었다.

잃어버린 세월의 일기장

오래도록 잊지 않고 삶의 여유와 추억을 기록하기 위하여 일기는 필요했다. 그러나 행복과 기쁨과 즐거움의 인생무대가 되어 그날그날 겪고 보고 느낀 일을 생각하고 깨닫는 일을 꾸준히 기록하기란 결코 쉬운 일이 아니었다.

일기를 쓰지 못한 침묵 속의 세월은 어느덧 30여 년이 지났다. 마음은 꼭 죄지은 사람 같다. 이 기간 동안의 겪음이나 느낌이 무게를 잴 수 없을 만큼 무거울 것인데도 아무렇지 않게 잊고 지냈다는 것이 더욱 마음을 무겁게 한다.

돌이켜 보면 가난 때문에 학업을 잇지 못하고 일터를 찾아 일을 하게 되면서부터 일기를 쓰게 되었다. 고통스러운 삶 속에 사회와 환경을 원망하고 현실의 냉혹함을 느끼면서 자신을 학대할 때도 많았다. 그래서 때로는 비판적이고 반항적이기도 했지만 미래를 생각하면서 이런 고통이 더욱 굳세고 강한 삶을 살아가도록 유인하고 위로한 것이 일기라고 생각했다.

한을 품고 살았던 세월 속에도 긍정적인 사고와 삶의 가치와 좋은 문구들을 기록하면서 애지중지했던 수십 권의 일기장이 어느날 갑자기 사라져 버렸다. 깨알같이 쓰여진 일기장이 없어진 참담함이란 무슨 말로 표현할 수 있을까. 결혼 후 여러 번의 이사를 하는 동안 아내가 필요 없는 짐으로 생각하고 버렸기 때문이었다. 그렇다고 못된 막말을 할 수도 없고. 집을 사고 팔고를 여러 번 하면 재산이 불어났었는데 가난을 이겨내기 위해 이사는 필수적이었다. 적은 봉급으로는 생활이 항상 쪼들렸기에 불가분의 조치였다.

어느 날 문득 서가의 때묻은 책들 제목을 훑어보던 중 노란 노트에 시선이 머물렀다. 그 속에는 신문 잡지에 실린 유명한 시인들의 시를 오려서 붙여 놓기도 했고 수십 편의 나의 초기 습작 작품들도 있었다. 그런데 작품 옆 공간에 반갑게도 몇 편의 숨겨진 일기도 스크랩되어 있는 것을 발견한 기쁨이란 어떻게 형용할 수 있을까. 정말 오랜만에 그 내용들을 잠깐 한번 훑어보았다.

1월 *일 흐림

전화가설. 눈 녹아 질퍽한 논두렁으로 걷기란 퍽 고역이었다. 흙투성이의 작업복, 군화는 물에 배고 설상가상으로 흙은 흙을, 물은 물을 더했다. 비탄이 앞섰다. 〈슈베르트〉가 "나의 고통으로부터 탄생한 음악은 만인에게 큰 기쁨을 준다."는 말처럼 나의 고통으로부터 해낸 일은 희열을 느낀다고 한마디 말하고 싶다. 행복은 마음속에 있고 주어진 것이 아니라 획득하는 데 있다는 것을 알기 때문이다.

2월 *일

.... 군대란 생활 속에 무엇인가 잃어버려선 안 된다. 무한대의 약진, 창의적인 정신, 인간적이고 아량 있고 거짓 없는 성실. 인내를 등에 걸머지고 운명에 도전해야 하지 않을까. 운명의 초대에 응할 각오를 가져야 된다는 말을 음미해 본다. 운명아 비켜라.

위의 일기는 항로통신대대의 군 생활 중 1967년 2월 16일 공군신문에 실려 있는 일기초日記抄의 내용이었다.

또한 1976년 공직생활 할 때의 일기장은

1월 *일

봉급날이다. 65,500원 본봉에 9,000원 공제, 55,000원 집에 주고나면 담배 살 돈과 용돈이 없다. 고달픈 생활을 한탄하지만 어쩔 수 없는 박봉의 현실. 절약과 검소의 길밖에 없다.

1월 *일

여비 2,100원 타서 같은 사무실 L 형과 마시다. 대포 6잔, 정종 2잔 하니 듬뿍 취했다. 과음 않기로 했는데 또 한잔. 와이프는 짜증 나겠지. 깊이 반성해야겠다. 기도하는 자세로 항상 하루를 보내야지.

다음은 1983년 공무원교육원에서 교육받았을 때 기록했던 일기이다.

4월 *일

춘래불사춘. 화창한 봄날인데도 비 온 후라 춥다. …… 오늘 전주교대 K 교수의 강연 중 "동심을 많이 가진 사람일수록 훌륭한 어른이다."라는 말을 의미있게 들었다. 동심은 마음의 고향이라고들 한다. 집에 돌아가면 어린아이의 꿈을 넓혀 주는 어른이 되고…….

이제 일기장에 일기 쓰기란 쉬울 것 같지가 않다. 요즈음엔 초등학생들을 제외하고 일기 쓰는 사람을 찾기란 힘들다고 한다. 책 읽는 사람도 줄어드는데 읽기보다 일기장에 일기를 쓰는 일을 기대하기란 무리일는지 모른다. 그래서 나는 지금은 일기장에 기록을 않고 책상 달력에 간단한 메모만 하고 있다.

만져보고 품어볼 수 없는 애환이 묻어 있는 일기장. 그러나 되돌아가고 싶다. 잃어버린 세월의 일기장을 찾아서. 운명은 자신이 만드는 것이고 복은 자신이 구하는 것이라는 말처럼 기쁨과 슬픔, 행과 불행, 눈물과 웃음, 방황, 고독 등 온갖 생각들을 적어 얼마 남지 않은 세월, 훗날의 내 역사의 장을 만들고 싶다.

잊어버린 생각 떠올리기

가을은 정녕 풍요로움의 길목에서 오는 회상의 계절인가 보다.

들녘의 벼들이 누렇게 익어 가고 탐스러운 과일들이 주렁주렁 매달려 있으며 코스모스와 국화가 도로변에 예쁘게 피어 긴 무리를 이루고 있다. 산야에는 단풍잎들이 붉게 물들어 있다. 어두움이 짙게 깔린 가을밤 고층 아파트 베란다 창가에서 내려다본 도심은 가로등 불빛이 귀뚜라미 울음소리에 섞여 가을 정취를 더하고 있다.

큰딸이 4년간의 학사모를 벗고 7개월간의 긴 여름 비 오는 날의 지루함을 이겨내고 있을 때 받은 발령소식은 울렁거림과 많은 기쁨을 함께 갖다 주었다. 마지막 가는 여름의 길고 뜨거운 햇볕을 받으면서 딸보다 더 설레는 가슴을 안고 같이 도착한 곳은 물설고 낯설기만 한 곳이었다. 낡은 집들이 모여 있는 농촌마을의 풍경과 학교의 모습은 상상해 왔던 그런 모습의 빛깔이 아니었다.

학생은 몇 명이며 그들의 눈에 딸은 어떤 모습으로 보일까, 교장을 비롯한 동료 교사들은 어떤 마음과 눈빛으로 대할까 걱정이 쌓였다. 한 마리의 놀란 사슴처럼 되었을 딸의 모습이 지금도 보이는 듯했다.

부임 전날 학교가 있는 마을에다 방을 구하였으나 마땅한 집을 얻을 수 없었다. 어쩔 수 없이 당분간 집에서 출퇴근하기로 했다. 한 달간 출퇴근을 해보니 시간을 많이 빼앗겼다. 고민 끝에 학교에서 떨어진 마을에 자취집을 구했다. 처음으로 부모 곁을 떠나 객지에서 혼자 생활하는 딸이 내심으로 안쓰러웠지만 아이들을 가르치며 즐겁게 생활하리라는 믿음이 있었다. 혼자 휴일 근무할 때는 무섭고 쓸쓸하다 해서 같이 있는 시간을 마련하기도 했다.

도시에서만 자라서 생활하고 학교를 다녔던 딸인지라 온실 속의 화초 같아서 더욱 마음이 쓰였다. 딸은 생소한 환경에서 홀로 서야 하는 생활에 적응하려니 몹시 힘들어 했다. 게다가 아이들 앞에서는 힘든 모습을 드러내지 않아야 하는 햇병아리 교사였다. 그런 모습을 지켜보는 부모 마음도 안타까웠다. 딸은 모나지 않고 붙임성 있는 성격이어서 주위의 환경에 적응을 잘하면서 살겠지 하면서도 물가에 둔 아이처럼 늘 걱정을 했다.

조그마한 시골학교지만 학교업무도 익히지 못하고 학사일정을 전혀 모르는 상태에서 교무라는 중책을 맡고 교장이 독선적으로 학교를 경영해서 상당히 고생했다. 그렇지만 아이들 한명 한명 개별지도를 했고 부진아는 휴일까지 열심히 지도하여 기초학습능력을 갖춰

주었다. 나머지 아이들도 평균적인 학습능력이 높아지고 모든 활동에 적극적으로 참가하는 모습과 배움에 대한 호기심으로 반짝이는 눈망울을 볼 때 보람을 느낀다고 했다.

힘든 생활 한편으로는 아이들과 보람 있었던 일도 많았던 것이다. 매서운 추위 속에서도 매화는 피어나고 화사한 봄은 필연코 오는 것이 자연의 섭리지만 교사란 배우려는 아이들을 가르치는 멀고 험난한 여행길의 안내자 같아 보인다. 세상에서 가장 위대한 예술은 자녀교육이라는데 학교에서의 아이교육도 마찬가지로 예술이라면 지나친 역설일까.

딸은 봄 같은 새내기 시절을 보냈고 뜨거운 여름날도 보냈다. 교단에 서서 15년이란 세월을 보냈고 중국에서 3년간 파견교사로 재직하다 온 지도 벌써 1년을 맞았다. 이제는 어엿한 여자로서 또 연륜있는 교사로서 두 아이의 엄마로서 삶을 이루고 있는 모습이 대견하고 가슴 뿌듯하다. 고난을 견디며 진지하게 살아온 자만이 가을의 풍요로움과 여유를 맛볼 수 있는 것이다.

6부

돈 맛과 인생의 의미

어른으로 살고 싶은데

노인이 되기는 쉬워도 어른 되기는 쉽지가 않다.

나이 들고 세월 흐르면 노인이 되기 마련이다. 하지만 어른이 되기는 세월과 관계가 없는 것 같다. 노인과 어른은 같은 말 같고 알쏭달쏭하지만 결코 같은 뜻도 아닌 것 같다.

노인이란 "나이가 들어 늙은 사람"이라고 국어사전에 기록되어 있지만 썩 듣기 좋은 말은 아니다. 노인을 높이어 일컫는 말은 노인장이다. 하지만 그 말도 듣기 좋은 말을 아닌 것 같다.

어른이란 다 자란 사람 또는 성년이 된 사람을 일컫는 말인데 듣기 좋고 무언가 꽉 찬 됨됨이의 사람같이 느껴진다. 어르신 또는 어르신네 하면 존경스럽게 표현된 것 같아 가슴이 뿌듯해지기 마련인 것이 인지상정이거니 싶다.

이제 많은 세월을 보내고 건강하게 나이를 먹고 있지만 왠지 늙었다는 말이나 노인장이란 말을 들을 때는 농담이라도 기분이 언짢고 마음에 상처를 입는 것 같다. 친구들이나 지인들이 "아직 그래도 팽팽하구만."이라 할 때는 어깨가 으쓱해지면서 아프지 않고 나름대로 꾸준히 운동하며 몸 관리를 하고 섭생을 잘하기 때문이 아닌가 하는 생각이 들어 기분도 좋다.

늙기 시작했다는 말보다는 어른스럽다는 말이 훨씬 향긋하고 듣기가 좋다. 몸은 비록 늙어 가지만 마음만은 결코 늙지 않고 어른스러워져야만 마음 든든하며 행복하고 건강하게 사는 숨겨진 비결이 아닐까 생각된다. 노인은 노력하지 않아도 세월과 함께 당연히 되어 가지만 어른은 세월과 함께 당연히 어른이 되는 게 아니라는 말처럼 노인으로서가 아닌 어른으로서 어떻게 살 것인가를 많이 고민해야 할 것 같다.

노인이 많은 세상보다는 어른이 많은 세상이 좋고 편안하고 행복해 보일 것이다. 또 노인보다는 어른으로 보이도록 가꾸어 가는 것이 현명하고 건강한 가정이 될 것이다. 그러면 어른은 어떻게 되어지겠는가. 어린이에게 또는 젊은이나 성년이 다 된 사람들에게 베풀며 가르치고 모범이 되어 행동으로 보여 주는 것이 도리일 것이다. 정성을 다해 진정하고 솔직한 마음으로 느끼게 해야 할 것이다. 어른같이 살려면 베풀며 노욕을 버리고 멋지고 좋은 할아버지가 되도록 하며 또 녹슬지 않는 감성을 지니고 친절하고 짧고 뜻있는 말을 하면서 될 수 있으면 귀는 열고 입은 닫아야 할 것이다.

먼저 내 가족에게부터 행동을 보여야지 옳지 않을까 싶다. 어른스럽지 못하면 자식들이 느끼는 심정은 그리 달갑지가 않을 것이다. 어른스러움을 자식들에게 보여 주면 그들도 커서 그들 자식들에게 물려주겠지! 하는 마음이기 때문이다. 그래서 보고 배우고 느끼는 마음이 꼭 필요한 것이다.

퇴근하면 술집이나 가고 우왕좌왕하면서 길 거리에서 방황하기 보다는 빨리 집으로 가서 가족들과 대화를 나누고 편안한 마음으로 행복한 시간을 보내야 한다. 그런데 그렇게 되지 않는 현실이 안타깝고 실망스럽다. 왜 못하는 것일까. 노력과 정성이 없어서일까 아니면 굳은 결심을 못해서일까. 마음은 있고 몸은 말을 듣지 않는 이유를 깊게 반성해야 할 것 같다.

세월의 속도감을 느끼게 되면서 노인이 되어 가는 것이 한없이 두렵다. 행복하게 나이 든 어른으로 살고 싶다. 지나온 과거를 반성하면서 얼마 남지 않은 시간을 어른스럽게 살아야지, 굳게 결심을 하면서도 쉽지 않아 두려움이 앞선다. 어른도 늙기 마련이지만 남은 세월만이라도 어른답게 살다가 이별연습도 해 가면서 9988234(99세까지 팔팔하게 살고 이삼 일 아프다가 죽자.)가 아니라 새로 유행된 9988231(99세까지 팔팔하게 살고 이삼 일 아프다가 다시 일어나자.) 이었으면 싶다.

고층아파트에 살아보니

높이 치솟은 고층아파트를 보면 마음이 설레면서 좋은 시대에 살고 있구나 싶다. 멀리서 보면 한 폭의 아름다운 그림처럼 보이고 가까운 산과 들판 속에 있으면 별장처럼 보이기도 한다. 어렸을 때는 상상도 못할 그런 세계가 펼쳐질 줄을 누군들 알았겠는가.

아파트에서만 거주한 세월이 20년을 훌쩍 뛰어넘었다. 50여 년의 세월 속에서는 함석집과 슬레이트집을 비롯해 기와집의 단독주택 생활이 가끔 떠오르곤 한다. 가난하고 식구가 많았던 어릴 적에는 조그마한 방에서 옹색한 생활을 했던 것을 기억하기 싫을 때도 있다. 하지만 그리움이 배어 나올 때도 있다. 그럴 때면 까마득한 과거와 현재의 삶을 비교하게 된다.

옛 집의 추억은 부엌에서 커다란 쇠솥단지와 작은 쇠솥에 장작불을 지펴 밥과 국을 끓이고 찬장에 옹기종기한 밥 그릇들과 종지들이 나란히 있는 것을 떠올리면 어릴 적 가난했던 생활들이 주마등처럼 스쳐간다. 겨울이면 마당 귀퉁이에 김치독과 동치미독을 묻어 놓고 밤이 깊어 가면 식구들과 찐 고구마를 동치미와 함께 먹기도 했다. 또 여름밤이면 모기 많은 마당에 가마니를 깔아 놓고 누워 모깃불을 피워 모기를 쫓으면서 잠을 청했던 기억과 전기도 없던 밤이면 석유 등잔불을 켜 놓고 쪼그리고 앉아 숙제를 했던 기억들이 아스라히 떠오르곤 한다.

생각하면 가난해서 문명의 혜택을 받지 못했던 그런 세월들이었다. 그런데 지금은 고층아파트에서 살아보니 다용도 냉장고를 비롯하여 김치 냉장고도 있으며 시원한 에어컨과 세탁기도 있고 편리한 생활을 하고 있다. 정말 딴 세상을 사는 것 같은 느낌이다. 물론 일반 주택에서도 이와 같이 문명의 혜택을 누릴 수 있지만 앞이 툭 트이고 환히 시가지가 보이는 고층아파트에서의 느낌은 더 이상 좋을 수가 없다. 다시 옛날로 돌아가서 살라면 못살 것 같다. 그만큼 빛바랜 세월 속에서 살아온 탓이리라.

단독주택에서보다 아파트에서 살고 싶어 고민 끝에 내린 결정으로 일곱 차례 이사를 다녔다. 그것은 보다 많은 이사 자금을 마련하기 위한 수단이었다. 이사를 많이 다녀 본 사람들은 알 것이지만 살림을 옮기기란 이만저만한 고생을 하지 않고는 안 된다. 아파트에 살고 싶은 욕망은 모든 고통을 이기게 했다.

지금 생각해 보면 지긋지긋하게 고생을 많이 했지만 잘한 일이었다. 남을 이용해서 부를 축적한 것도 아니고 나의 당찬 행동에서 안

정적인 아파트의 생활을 하고 있는 것에 보람을 느끼게 된다. 대형 아파트는 아니지만 중소형 고층아파트의 생활은 아무 불편이 없다. 도시 변두리 고지대 아파트 베란다에서 본 높은 빌딩들 사이로 오밀조밀한 주택과 건축물들이 보이는 시가지와 가까이 또는 멀리 있는 아름다운 산들은 그야말로 한 폭의 그림을 연상케 한다. 더구나 형형색색으로 반짝이는 야경의 찬란한 불빛이 있고 어둡고 깜깜한 암흑도 있다. 그런가 하면 맑게 갠 밤하늘에 별이 빛나고 온 세상 하얗게 물들게 하고 있는 달을 어떻게 표현해야 할지…….

때로는 조용한 농촌이나 시골 산속 가까운 곳에서 최근 새로운 다양한 모델로 건축한 보기 좋은 전원주택에서 조용히 살고 싶은 욕망도 있다. 그러나 이제 생을 마감하는 날까지 현재 살고 있는 고향 도시 아파트에서 가까운 친구들과 지인들을 만나며 서로 사랑하면서 모든 것에 감사하고 재미있게 살고 싶다.

돈 맛과 인생의 의미

전쟁錢爭이냐, 전쟁戰爭이냐.

전쟁은 전시에는 목숨을 앗아가는 무기로의 싸움을 치러야 하지만 평상시에는 돈과의 싸움을 아주 혹독하게 치러야 하는 게 현실이지 싶다. 나이와 상관없이 가진 돈 없는 세상은 고달프고 슬픔과 고통을 낳게 만든다. 젊은이는 젊은이 대로 나이 먹은 사람은 나이 먹은 대로 돈이 없으면 항상 맥이 풀리고 근심에 찬 얼굴에 풀기가 죽은 듯 보이면서 고민을 하고 절망에 이르기도 하여 범죄를 저질를 수 있는 충동을 느끼게 할 소지도 있다. 사람은 돈 버는 재미로 살고 돈이 있어야 곱게 늙는다는데.

사람은 때로 돈 때문에 살고 죽기도 한다. 그러면서 돈 갖기를 열망하면서 산다. 부자는 부자대로 빈자는 빈자대로 생존을 위해서는 돈이 필요하다. 돈을 갖기 위해서는 지독한 싸움도 해야 한다. 돈 맛을 알아야 욕심도 생기며 살맛도 함께 살아난다. 돈 맛은 그냥 공짜로 오는 게 아니다. 지독한 고생과 고통, 괴로움이 따르는 마음 고생을 해야 하기 때문이다. 그래서 그 맛이 마음을 즐겁게 하는 지도 모른다.

단맛, 짠맛, 쓴맛, 신맛의 경지에 이르는 '쩐'의 전쟁을 치러야만 삶의 즐거움과 행복도 찾을 수 있지 싶다. 돈맛에 대한 호기심은 고통과 괴로움이 따르지만 인생을 재조명할 수 있는 기회도 될 것 같다. 힘들게 벌어서 쉽게 써버리는 경향도 나타나는데 이것이 쾌락으로 이어지는 길로 갈 수 있게도 한다. 그래서 돈을 소비의 대상으로만 보지 않기 위한 부단한 노력이 꼭 필요하다.

전정무정錢情無情, 우정유정友情有情.

돈에 대한 욕망은 있어도 정과 그리움이란 없고 친구에 대해서는 정과 그리움이 있게 마련이다. 돈을 내가 낼 때에는 상대방이 불편하지 않게 편안한 마음으로 덕을 베푸는 마음으로 써야 한다. 남이 낼 때에는 미안함과 고마움을 나타내고 위축되거나 불편하지 않게 쓰기를 바라는 마음이면 좋을 것이다.

인향人香 천 리요, 전향錢香은 십 리쯤 될까. 너무 거리가 멀어 서로 상생할 수 없는 것 같기도 하지만 우주의 섭리는 서로 상생할 수 있도록 만들 때도 많다. 최근 보도에는 건설업계의 산증인으로 퇴직금 전액을 회사에 남기고 67명에게 손수 쓴 편지와 함께 100만 원씩 든 봉투를 전한 주택공사사장, 매년 명절이면 돈 뭉치를 동사무소 옆 가까운 곳에 이름도 밝히지 않은 채 전화로 목소리만을 남기고 가는 얼굴 없는 기부 천사, 168억 원을 학원과 병원에 기부한 87세의 을지재단 명예회장, 1억1364만 원을 사회복지 공동모금회에 기부한 파독 간호사 남편인 71세의 독일인 전직 교수, 독도지킴이 가수의 기부 등등. 이외도 이름도 밝히지 않은 채 국내외의 수많은 아름다운 기부자들이 있다. 노년의 기부와 봉사는 긴 세월 값없이 받은 것이 많은 인생이 있다는 깨달음에서 나온다는 말이 있다. 어느 학자는 세계 400명의 대부자와 동아프리카의 가난한 목동의 행복수준이 비슷하다는 연구결과를 발표한 것을 보면 돈과 연결되어 있는 차이는 사람 나름대로 여유 있는 마음과 품격이 내면으로 연결되어 있지 않나 싶다.

삶에 그늘이 지면 안 된다고 한다.

돈 맛의 그늘에 싸여 마음이 병들면 안된다. 돈 맛에 대한 호기심이 인생을 다시 보게도 한다. 지난날의 세월이 가난을 벗어나기 위해 돈에 대한 욕심이 가득 찬 때도 있었다. 어떻게 하면 입에 풀칠을 하고 많은 돈을 벌어서 좋은 환경 속에서 살아가야 할까, 또 괴롭고 처참한 가난을 어떻게 이겨내야 할 것인가 하는 집념에 사로잡혀 산 인생은 절망적이기도 했다. 세월이 흘러 홀로 서기를 위한 그 고통들을 다 말할 수 없지만 이제 그 고통 속에서 해방되어 서민으로 살고 있지만 심신이 편안하고 행복하다. 고통 없는 인생도 없음을 배우고 느낀다.

돈 맛은 고통이 따르기도 하지만 항상 사람을 유혹하고 즐거움과 쾌락으로 이끌리게 하는 것 같다. "금가루가 귀하긴 해도 눈에 들어

가면 독이 된다."는 말처럼 너무나 돈 맛에 눈독을 들이거나 집착하면 독이 될 수 있으니 가까이 하면서도 멀리하고 적으면 적은 대로 나눔과 기부를 위해 쓰고 분수에 맞게 살면 즐거운 삶이 되지 않을까 싶다.

기약 없는 이별

이별, 결별, 헤어짐, 사라짐, 떠남이란 말은 나의 곁에서 아주 멀리 떨어진 허공의 뜬구름이었으면 좋겠다. 이별이란 언제나 슬픔이 따른다. 즐거운 이별이란 낯설기만 하며 현실에서는 별로 감동적이지 않고 또 찾기 쉬운 말들이 아니다. 삶과의 이별, 가족과의 이별, 친구와의 이별, 사랑하는 연인과의 이별이 가장 슬픈 이별이 아닐까 싶다. 헤어지는 것보다는 기다리면 행복이 오고 행복은 그리움 속에 있다고 한다. 누군가와의 헤어지는 슬픔보다는 누군가를 기다리고 만난다는 행복을 그리움처럼 선물하는 것이 좋겠다.

태어나면 죽음이란 이별을 맞게 되는 것이 자연법칙임을 안다. 되돌아올 것이라 믿지 않으면 살 수 없어 오늘도 기다린다는 말처럼 기다림이란 희망의 끈을 놓지 않아야 할 이별이 있다는 것이 가슴을 쑤시듯 저려 온다. 고통과 슬픔이 따르는 이별만은 없어야 하고 즐거움과 행운이 따르는 만남은 있어야 한다. 상생의 삶은 있어야 하며 만날 수 없는 운명적인 숙제는 영원히 없어져야 한다고 생각해왔다.

가장 가슴 아픈 이별은 무엇보다 사랑하는 가족과의 이별이지 싶다. 오랜 세월이 흘렀지만 부모님과의 이별을 포함하여 형제자매와의 이별을 나는 다섯 번이나 겪었다. 가난한 시대에 일어난 운명적인 일이었고 모두 질병 때문이었다. 건강한 몸으로 수명을 다한다는 것이 참으로 어려운 일인 것을 느꼈다. 의식주를 걱정만 하는 시절이라서 병원도 많지 않았고 병원비도 없는 가난이 낳은 가슴 아픈 이별이었다. 그리하여 더욱 지금까지도 내 가슴속에서 소용돌이 치는 슬픔이 되고 있다.

또 하나는 친구와의 이별이었다. 절친했던 친구 3명도 병으로 생을 마감했다. 암이란 혹독한 병마와 싸우면서 자식들을 남겨 놓고 가버렸다. 가난한 시절 직장을 다니면서 같이 공부하고 고생을 낙으로 알고 지낸 친구들이다. 고통과 번민 속에서 희망의 씨앗이 싹틀 것이라는 신념으로 살아 왔고 또 인고의 세월 속에 젊음을 보내면서 고생 끝에 어느 정도 생활기반을 닦아 가정에 충실하며 살았는데 가족들을 멀리 하고 죽음의 먼 여행길을 떠난 것이다. 못내 안타깝고 슬픈 기억들 임을 잊을 수가 없다. 신노심불노身老心不老라 "몸은 늙어도 마음은 늙지 않는다."고 했는데 앞으로 닥칠 친구들과의 이별이 걱정된다.

죽음과의 이별은 가슴에 가장 슬픈 멍울을 짓게 하는가 보다. 생고병사라는 말이 있듯 태어나서 고생하다 병들어 죽는다면 세상은 너무 허무한 것 아닐까. 신도 인간에게 죽음이란 특혜를 주지 않았어야 했다. 죽음을 해결 못하는 신은 정녕 미완성이라면 가혹한 처벌을 내릴지 모르지만 고생한 몫만큼은 살 수 있도록 믿음을 주었으면 하는 마음이다.

이별의 장소에서는 고통과 슬픔을 지우려 해도 지울 수가 없다. 사랑하는 연인과의 이별을 상상해 본다. 사랑하는 한 사람이 그 곁을 떠난다면 같이 따라갈 수밖에 없는 애절한 사연도 있을 수 있고 또 죽고 못 사는 사이의 연인과 이별하면 한 사람은 죽임을 당할 수도 있다. 그런가 하면 배반당해 자살하는 경우도 있다. 그리고 자살은 전염성이기 때문에 더 큰 문제이다.

생사란 음양의 순환이요 자연의 변화이다. 생을 마감한 가족이나 친구의 영혼과의 대화가 이루어질 수 있다면 얼마나 좋을까. 다시 만날 수 없고 대화할 수 없는 이별은 안타깝고 슬프고 한으로 가슴속을 메울 뿐이다.

사랑은 소리 없이 와 닿을 때 아름답다고 하지만 아픔은 소리 없이 와 닿을 때 더 고통스럽다고 한다. 그리움이란 세월이 흐를수록 자꾸 쌓이면서 커져만 간다. 높은 하늘로 떠난 영혼과도 만날 수 없는 가족과 친구에 대한 그리움을 마음속 도화지를 펼쳐 아름답게 색칠하여 그려보고 싶다.

8월이 오면

농부들의 바쁜 일손이 논이랑에서 벼를 심고 나면 장마가 시작된다. 지루한 장마철이 계속되면서 농부들 마음은 온통 빗물에 젖어 무거워지게 된다. 그러한 농부들을 생각하면 적당한 강우량은 좋은데 비가 계속 내리게 되면 마음도 습하게 되어 우울하고 짜증이 난다는 생각이다. 그리하여 장마가 멈추기만을 기다리며 창밖을 원망의 눈초리로 쳐다보게 된다. 그렇다고 기후변화를 나무랄 수도 없고 또 하늘을 원망할 수도 없이 청명한 날씨만을 기다릴 수밖에 없다. 기다리면 곧 뜨거운 볕이 내리쬐는 한 여름이 시작되어 땀으로 온몸을 적시게 된다. 그러면서 자연스럽게 시원한 그늘과 물가를 찾게 되기 마련이다.

도심에 살면 가까운 계곡의 시원한 그늘과 물을 찾게 되며 안식과 휴식을 즐기기 마련인데 거기 못지않게 따라다니는 것이 술이다. 적당한 술은 보약이면서 기분을 좋게 하고 흥을 돋우지만 과음은 휴식을 망치고 열을 받아 더위를 한층 더 쌓이게 한다. 그러면 도시에서 좀 떨어진 가까운 바닷가 해수욕장은 어떨까를 생각하게 된다. 쏟아지는 뙤약볕을 맞아 가며 시원한 바람과 파도에 휩쓸리며 헤엄치고 물장난치는 장면을 상상하면 어릴 적 시냇물에서 놀던 추억과 함께 퍽 낭만적이지 싶다.

도시에서 벗어나 서해안 변산해수욕장을 갔다 온 지가 벌써 48년이란 세월이 지났다. 그런데도 8월이 오면 그리움의 추억이 연속적으로 머릿속을 어지럽힌다. 그 당시 어려운 환경 속에서 주경야독한 고등학교 때의 절친한 동창 친구 4명과 함께 며칠 전 약속대로 토요일 오후 직장에서 퇴근하고 만나 난생처음으로 해수욕장을 가게 되었던 기억이 떠오른다.

드넓은 바닷가에 출렁이는 푸른 파도며 끝이 보이지 않은 지평선과 백사장에 내리쬐는 오후의 뜨거운 햇볕과 마파람은 우리들의 마음을 끝없는 감탄의 길로 유인하였다. 해는 저물어 가고 어두움이 짙게 깔린 밤이 오면 시원한 바람을 맞으며 바닷가 모래 위에 빌린 돗자리를 깔아 놓고 빼 놓을 수 없는 술을 마시면서 깜깜한 밤하늘의 수많은 별들과 별똥별이 수놓아진 것을 쳐다보며 지난날의 가난 속에서 고통스럽게 견디어 온 세월과 싸움을 했던 기억을 되짚는 이야기를 나누기도 했다. 그러다 보면 시간 가는 줄도 모르고 밤샘을 하게 되고 세월을 원망도 하고 감성에 젖기도 하면서 앞으로 삶에 희망과 굳센 각오를 다지면서 힘을 얻기도 했다. 그리고 결혼하지 않은 청춘의 몸으로 다음 해에 또 오자는 약속을 다짐했지만 지키지 못한 아쉬움은 아직도 가슴에 남아 있다.

뜨거운 태양이 내리쬐는 8월이 오면 그리운 해수욕장의 추억이 파도처럼 밀려온다. 햇빛에 들어 있는 자외선은 기쁨의 호르몬을 분비한다는데 기쁨과 행복감을 찾으면서 스트레스도 풀고 휴식을 하고픈 마음인데 쉽사리 이루어지지 않는다. 나이는 숫자와 글자에 불과한 것인데 자꾸 나이를 탓하면서도 젊음으로 되돌아가고 싶다. 하지만 그렇게 되지는 않는다. 이제 해수욕장엘 가면 젊은 청춘들의 눈이 대수롭지 않게 쳐다볼 테고 또 젊은 청춘이란 것을 느낄 수가 없는 절망스러운 감정이 나타날 것 같다. 그리하여 앞으로도 해수욕장은 가지 못하는 영원한 추억이 서린 바다가 될 것 같아 안타깝다.

지나간 먼 옛일을 기억하면 괴롭기도 하지만 즐거웠던 옛날은 가고 없고 독백만 남아 있는 것 같다. 같이 갔던 친구 중에는 사업에 실패한 친구도 있고 현실이 싫어 저 먼 세상으로 떠나 버린 친구도 있으며 소식도 없이 연락도 않고 타 도시로 가버린 친구도 있다. 세상살이 영원한 것은 없듯이 때가 되면 사라지는 인생이지만 그때의 친구 한 명과는 종종 만나 술잔을 기울이며 옛 추억과 함께 취하기도 한다.

8월이 오면 온갖 추억들이 되살아나 아름다움에 젖는 행복한 시간들을 떠올리게 될 것이다. 그러다보면 청포도가 익어갈 가을의 문턱이 쉽게 다가올 것이고.

‘,

혼인

우리 인간에게 있어 혼인은 제2의 탄생이라 했던가. 혼인이란 장가들고 시집가는 일, 또는 남녀가 부부가 되는 일이고, 결혼은 남녀가 정식으로 부부관계를 맺는 일이라고 한다. 부부되는 일과 부부관계를 맺는다고 하는 의미의 차이는 과연 무엇일까? 새삼 생각해 보게 된다.

얼마 전 정년퇴직한 교장선생님으로부터 우리 선조들은 결혼이라는 말보다 혼인이라는 말을 사용하였기 때문에 혼인으로 표기해야 옳다는 말을 듣게 되었다. 흔히 통용되고 있는 결혼이라는 말은 한말 개화기 이후 일본에서 유입된 신조어이기 때문에 혼인이라는 말 대신에 결혼이라는 말을 사용해야 한다는 것이다. 그 말을 듣고 보니, 그동안 별 뜻 없이 사용했던 축하금 봉투에 ‘축 결혼’보다는 ‘축

혼인'이라 쓰도록 해야겠다는 생각이 들었다.

우리네 혼인의 역사는 '장가들다'와 '시집가다'로 요약되는데 남자가 장가드는 것을 혼婚이라 하여 사위가 장인집에 들어간다는 말이고 여자가 시집가는 것을 인姻이라 하여 며느리가 시집에 들어가는 것이라고 한다.

각기 다른 환경에서 성장한 청춘 남녀가 부부의 인연으로 맺어지는 일은 참으로 어려운 일이다. 혼인이란 부부관계를 맺고 가정을 꾸리고 행복하게 살며 정신적, 육체적, 심리적, 경제적 결합을 뜻하는 중요한 의식행위다. 또한 혼인은 서로를 하나 되게 긍정적 영향을 주고 동반자 관계로 아름다운 가정을 가꿔가는 가교역할을 한다 해도 지나친 말은 아니리라. 혼인과 상반된 이혼, 별거란 악연의 길도 있지만 혼인은 서로가 원하는 사람을 만나 결합하는 것이 가장 이상적이라 생각된다.

옛날에도 연애와 몰래한 사랑으로 혼인을 하기도 했지만 1950, 60년대에는 보통 중매인을 통해 신부의 부모나 가까운 친척이 신랑될 사람을 먼저 선을 보고 마음에 들면 신랑과 신부될 사람 맞선을 보게 했다. 그리고 지인을 통하거나 수소문하여 가족 내력 등 이모저모를 파악한 뒤 단점이 없으면 서로의 성격, 성질, 취미 등도 자세히 모른 채 혼인을 시켰다. 양가 어른들이 신부의 미모나 몸맵시, 신체적 결함 여부를, 신랑의 한 여자를 데려다 먹여 살릴 수 있는 능력이 있나 없나와 이목구비가 반듯하게 갖추어 있나를 판단하여 혼인을 결정했고, 자식들은 그러한 부모의 뜻에 순종하는 것이 도리라고 생각했다.

그러나 지금은 혼인에 대한 생각들이 많이 달라졌다. 부모가 배필을 정해 주는 것을 싫어하고 당사자들끼리만 좋으면 그만이지 부모가 상관할 바가 아니라는 의식이 지배적인 것을 보면 시대가 변함에 따라 혼인관도 바뀌는 것은 어쩔 수 없는 현실인가 보다.

혼인관뿐만 아니라, 시간의 흐름에 따라 사회의 변화와 인지의 발달로 자유분방적 삶을 살다 보니 경계의식이나 적대적 관계보다는 친화적 의식을 갖게 되고 자기 주도적 삶을 지향하고 있다. 연애관도 서로에 대한 호감이 있으면 사귀면서 느끼고 겪어 보고 자신의 판단에 따라 연애와 열애의 길로 급속히 가고 있다.

혼인은 전통적으로 가을에 많이 했다는데, 혼인을 치르자면 그에 따른 경비가 필요하니 가을에 추수한 곡식이 주요 수입원이었던 그 시절엔 자연스레 가을철에 주로 혼인을 할 수밖에 없었으리라. 요즘 혼인은 따로 선호하는 계절 없이 일년 내내 혼인 당사자들 편리한 시기에 한다. 그만큼 사는 방식이 다양하고 격식을 따지지 않기 때문이 아닌가 싶다.

지난 겨울 친구의 장녀가 객지인 서울에서 혼인을 하게 되었다. 우리 부부와 친구 몇이 축복하기 위해 신부댁이 제공한 관광버스로 상경하였다. 으레 그렇듯이 버스 안에서 먹거리 잔치를 하면서 즐거운 마음으로 가는데 술 한잔할 수가 없었다. 아침이나 낮술을 마시면 부모도 못 알아본다는 말을 선친으로부터 들었기 때문에 낮술을 마시지 않는 것을 철칙으로 알기에 안 마시기로 작정하니 마음이 평안하다. 술은 안 마신다 하면서도 마시게 되는 약속 위반의 속성을 지녔기에 못 말리는 한계도 있지만 술 마시는 사람들의 애환이 담겨 있는 애교의 일부분이기도 하다.

어떤 혼인에서나 볼 수 있듯 신랑 신부의 아름다운 모습은 천사처럼 티없이 맑다. 이번 혼례식의 주인공도 예외는 아니었다. 예식은 신랑 신부 입장, 상견례, 혼인서약, 주례사 등의 순으로 이어졌다. 주례사만큼은 간단해야지 길면 길수록 짜증나기 마련인데 이번 주례사는 길지도 짧지도 않으면서 귀에 번쩍 들리는 소리가 있었다. "교회에서 만나 사귀어 신앙심으로 맺어진 38세의 동갑내기"라는 말을 듣고 때늦게 혼인하는 신랑 신부임을 알 수 있었다.

관심을 끈 것은 '신앙심'이라는 단어였다. 신부는 친구의 큰딸로서 언어장애를 어렸을 적부터 갖고 있어 부모의 근심거리였다. 커가면서 사회적응이 어려워 더욱 노심초사했던 그 부모의 심정을 알기에…. 부모의 헌신적인 노력과 주는 것인가 보다. 부모의 신앙심을 본받아서 그런지 신랑 신부는 같은 교회에서 만나 혼인을 하게 되었으니 장애의 벽을 뛰어넘은 깊은 신앙심 때문이라 생각되었다. 새로운 보금자리를 마련하면서 벅찬 기쁨을, 먼저 낳아주고 길러주신 부모님과 함께하고 관심으로 지켜봐준 주위 어른들과 친척, 친지들과 함께 나누는 감사의 인사를 올리는 신랑신부의 모습이 눈물겨웠다. 그 순간 많은 하례객들은 축하 박수를 마음속 깊이 힘차게 쳐주었으리라.

인연의 끈을 생을 마칠 때까지 놓치지 말고 진정한 신앙심으로 험난한 세상을 잘 헤쳐나가길 진심으로 기원해본다.

망각의 세월

망각이란 세월의 강을 건너기는 참으로 어려운 일이다. 과거를 망각하고 현실도 기억으로부터 도망치기란 굉장히 힘든 일이다. 참기 힘든 어려웠던 일들에 대한 망각을 쉽게 지울 수도 없는 게 현실이다.

과거 힘들고 어려웠던 세상에 태어나 모진 고통과 고생 속에서 살아온 세월을 생각하면 망각이란 귀중한 선물을 받고 싶기도 하건만 그렇게 되지를 않는다. 때로는 망각으로부터 도망가고 싶고 추격당하고 싶지도 않는데 가끔은 공격을 당한다. 현재의 삶이 여유롭고 만족해서가 아니라 때로는 마음의 평정이 오면서 외롭고 고독을 느낄 때 물밀 듯이 망각하고픈 세월들이 엄습해 오는 것은 어쩔 수가 없다.

괴롭고 아프고 슬프며 힘든 일이 생길 때 망각은 최고의 선물이라고 하는데 안겨진 선물을 쉽게 받지를 못한다. 고통과 괴로움의 망각과 외롭고 버겁던 삶의 망각도 때로는 필요하다. 망각이란 후회의 길로 가는 길은 아니라고 생각도 해 본다.

〈망각의 세월〉이란 가수 이자연의 노래에 "망각이란 강물에 추억 실어 배 띄우면 멀리멀리 흘러가겠지"라는 표현이 있는데 망각을 강물에 띄우면 그 강물은 또 다시 돌아오지 않는 법인데 기억하고 있는 것들에 대해서 시간이 흘러감에 따라 잊히지는 망각의 세월들을 기억 속에 지워서는 안 된다.

"망각이 없다면 행복도, 명랑함도, 희망도, 자부심도, 현재도 있을 수 없다."고 '니체'는 말했지만 그게 어디 쉽사리 되는 일인가. 그렇다면 기억이 반란을 일으킬 수도 있을 것이다. 어쩌면 반복하는 기억이 삶을 좋은 길로 이끌며 인생의 안내자도 될 수 있지 않을까 싶다. 나쁜 기억들은 어깨에 짊어진 무거운 짐과 같을 수 있으니 잊혀야 하는데 때로는 망각하고 싶지 않은 기억들이 생생히 떠오를 때가 있다. 한가롭고 조용한 마음으로 있을 때와 친구나 지인들과 술을 벗삼아 대화하면서 마실 때 찾아오는 기억들은 행복한 마음의 병이기도 한다.

흘러가는데 쫓아갈 수 없는 것이 세월이라고 한다. 그렇다고 잊힐 수 없는 세월들을 망각만 하고 기억하지 않는다면 후회하게 될 것이고 후회는 곧 회한으로 바뀌게 될 것이다. 아름다운 기억의 그늘에서는 죽음의 고통도 멎는다는데 반복되는 기억들이 훨씬 효율적이 될 수 있도록 노력해야 하겠다.

인간은 누구나 이승을 하직하면 저승길에 오르게 된다. 그때 다섯 개의 강에 이르게 된다는데 첫 번째가 비통의 강 또는 슬픔의 강, 두 번째가 시름의 강, 세 번째가 불의 강, 네 번째가 증오의 강 또는 영원불사의 강, 다섯 번째가 망각의 강이라고 한다. 이승에서 모든 시름과 기억과 추억이 망각의 강을 건너야만 죽어서 괴로움을 잊은 채 저승으로 간다고 한다.

죽으면 고장난 세월의 모든 장막이 내리며 정지되고 끝이 나는데 죽어서까지 망각이란 강에 이르러야 한다니 망각은 결코 잊을 수 없는 존재인가 보다. 인간은 망각의 동물이라 하지만 외롭고 힘에 겨운 벅찬 삶을 망각하기보다는 기억해 인생의 새로운 지표를 삼고 기억하고 싶지 않은 일들에 대한 괴로움의 망각을 즐거움으로 삼아야 한다. 지나온 세월들에 대해서 뒷걸음치지 말고 기억을 더듬어 추억의 숲을 그리는 것도 정적인 분위기일 것이다. 때로는 망각은 고통으로 다가올 수도 있을 테니까.

서편 산 너머 달이 질 때에

도심 속에 있는 높다란 아파트 창가에서 아무 생각 없이 서편을 바라다 본다. 황혼의 붉은 해를 본다. 조금 있으면 도시는 산 그림자에 덮이고 서산 넘어 어둠 속으로 붉은 노을이 지면 아득하게 먼 별들이 밤하늘을 아름답게 수를 놓으면서 보름달이 보일 것이다.

더듬어 보면 서편의 달을 본 지가 벌써 수많은 세월과 함께 흘러갔다. 3개월 동안 대전에서 첫 입영생활할 때를 떠올린다. 10대 후반 나이에서부터 시작된 험한 세상을 살아가면서 야학을 하고 직장 다니면서 가사를 돌보며 고생스러웠던 지난 시절을 가슴속 깊이 묻어 놓고 수많은 갈등과 고민 끝에 지원입대를 했었다.

갓 입영하여 낮에는 고된 훈련을 하고 밤이 되면 지쳐버린 몸도 잊고 서편의 달을 쳐다보며 고향 생각에 젖고 고생하시는 어머님을 그리워했다. 또한 감성이 예민했던 시절의 냉혹한 현실과 장래에 대해 많은 이야기들을 나누었던 친구들의 모습을 떠올리면서 짓궂게 살아왔던 생각에 사로잡히면 나도 모르게 눈가에 눈물이 고이면서 한없는 상념에 사로잡히게 되었다. 이런 상념들이 군대생활 3년동안 내내 떠날 줄 몰랐다.

기억해 보면 고향을 떠나본 적이 없는 낯설기만 했던 객지, 대전에서 또 대구공항에서의 대기 발령을 앞둔 2개월, 그리고 김포공항에서의 6개월, 광주공항에서의 25개월 제대 시까지 어디에 있든 사시사철 서편에 지는 달은 마음을 떠날 줄 모르고 황혼이 지면 어김없이 찾아와 마음을 달래 주면서 감상에 젖게 했다. 먹구름 끼고 궂게 비 오는 날 볼 수 없을 때는 마음속에서까지 달이 뜨고 졌다. 더욱 더한 것은 같이 웃고 울며 병영 생활하던 동료들이 제대하거나 다른 부대로 전출할 때 이별의 슬픔을 달랠 길 없을 땐 마음을 진정시키는 시 한 편 "서편에 달이 호숫가에 질 때에 저 건너 산에 동이 트누나 사랑 빛에 잠기는 빛난 눈동자에는 근심 띤 빛으로 편히 가시오 친구 내 친구 어이 이별할거나 친구 내 친구 잊지 마시오"의 애창곡을 불러 보기도 했다.

특히 만물이 소생하고 꽃피는 봄날보다는 뜨거운 뙤약볕이 어둠속으로 사라진 후 여름밤 시원하게 강가에 흐르는 달빛이 여울물에 구슬처럼 반짝일 때와 애상의 계절, 가을에 낙엽이 소리없이 떨어져 흩날리는 밤에는 더욱 수많은 상념 속에서 서편에 달이 뜨고 지는 것을 보았다. 계절에 따라 보름달은 해가 진 후부터 새벽녘까지, 반달은 자정까지, 초승달은 용龍시까지 보게 되고 이후부터는 지구 자전에 의해 서편으로 빠르게 사라지는 것을 무척 아쉬워하기도 했다.

지난 세월을 돌이켜보니 세상 살아가는데 현재를 버릴 수 없듯이 과거도 버릴 수 없는가 보다. 현재보다 과거가 짙게 클로즈업되어 오는 것은 버릴 수 없는 추억들에 대한 정감이 밀물되어 파도처럼 밀려오는 것 때문이다. 이제 많은 세월이 흘러 그런 감성이 잘 표출되지 않음은 삶의 복잡 다양성과 감성이 메말라 가고 무디어 가는 징조일까 무척 염려스럽기까지 한다. 감성이 메말라 간다는 것은 살아 있어도 감정이 제대로 표현을 다하지 못하는 것은 아닐까.

그래도 지나간 그리움을 가슴속에 묻지 않고 반추하면서 살아가면 앞으로의 삶이 홀가분해지고 밝게 보일 것 같은 생각이 든다. 과거 기억하고 싶지 않은 일들은 모두 잊어 버려야겠다. 그리고 될 수 있는 한 편안한 마음으로 심성 좋은 사람들과 만나 정담을 나누고 좋은 생각하면서 행복한 감정을 만들어가야겠다. 외롭지 않게 살기 위해서. 주향酒香 백 리요, 화향花香 천 리요, 인향人香 만 리라는데 가시 돋친 말하지 않고 악취 풍기지 않으며 남은 인생을 인향을 생각하면서 아름답고 향기롭게 살고 싶다. 마음만큼은.

■남기고 싶은 글

얼마 남지 않은 인생을 "아름답고 향기로운 마음으로 살고 싶어 했다."는 문장을 시작으로 하는 유서를 첫 번째 버킷 리스트에 올려 놓고 싶다.

죽음에 이르러 부탁하는 말을 적어 남긴 글이 유서다. 유서는 사랑하는 가족들에게 마지막으로 하고픈 말이나, 재산 분배 등 유언이 필요한 경우에는 자필증서, 녹음, 공정증서, 비밀증서, 구수증서의 다섯 가지 방법을 이용해야 한다는데. 그러나 살아있는 동안, 매일 매일 유서를 쓰는 것은 어떨까 생각해 본다.

죽기 전에 유서를 쓴다면 기분 나쁘고 불운하며 죽음을 재촉하는 불길한 예감이 들어 핀잔과 조롱을 받을 수도 있겠다. 그러나 누구나 피할 수 없는 길이 죽음의 길이라면 매일 유서를 쓰는 일에 두려워할 게 없다는 생각이다.

내 삶을 놓고 볼 때 자서전을 남기는 일은 벅차고, 그렇다고 흔적 없이 떠나는 것은 못내 아쉽다.나의 유서에는 지나온 역정과 매일 살아가는 과정을 어둡고 괴로운 마음보다는 밝고 즐거운 마음으로 쓰고 싶다. 민법에서 정한 상속인, 상속분과 다르게 재산을 나눠주고 싶은 경우에만 유언이 필요하다는데 자식들에게 물질적으로 넘치는 유산은 못 주지만 마음에서 우러나는 진정성 있는 유서를 쓰면

값진 유언이 되지 않을까.

1950, 60년대의 젊은 시절 가난에 찌든 생활 속에서 어려운 가정을 돕기 위해 몸부림치며 일을 했을 때 물려줄 재산도 없는 아버님은 어느 날 저녁 초등동창모임에 참석하고 돌아오니 중풍으로 이미 숨을 거둔 뒤였다. 그리고 30년 후, 어머님이 젊어 고생의 후유증인지 급성폐렴으로 운명하셨을 때는 J시에서 바쁜 일정으로 근무 중이었기 때문에 임종을 지키지 못하였다. 결국 나는 부모님 두 분 모두의 임종을 지켜보지 못한 불효자가 되었다.

평소 아버님은 "형제자매끼리 우애해야 한다. 옛말에 '우산과 거짓말'은 늘 가지고 다녀야 한다."라는 말씀을 자주 하셨다. 지금 생각하면 속 깊은 뜻이 담긴 유언이었다. 부모님은 학력이 짧아 하고 싶은 말을 글로는 남기지 못했지만, 평소 자주 하신 말씀을 유언으로 삼고 있다. "우애"란 당연히 해야 하고, 옛날엔 일기예보가 많이 틀려 믿지 못해 우산이야기를 한 것이고 거짓말은 필요악의 조건이 아니었나 생각한다.

사람에 따라, 관점에 따라 생각의 차이가 있을 수도 있지만 대부분 가진 사람들은 부동산이나 동산을 누구에게 어떻게 분배할 것인가를 유서의 주된 내용으로 떠올리기 십상이다. 민법에 정한 각각의 지분이 있지만 재산을 어떻게 관리하고 분배하며 얼마의 지분을 누구에게 더 줄 것인가로 골머리를 앓는 것도 사실이다. 유언자는 유언을 통해 자신의 뜻대로 재산을 나눠줄 수 있지만, 법이 정한 유언 방식을 지키지 않거나 애매한 점이 있는 경우 유족들 사이에 상속재산을 두고 분쟁이 발생할 수도 있는 것이다.

근래에 기부금 선행자들도 많지만 유산을 탐내어 자식이 부모를, 아내가 남편을, 남편이 아내를 죽이는 각박한 현실은 너무 처절하고 안타깝다. 윤리와 도덕이 무너져 내린 세상은 가족 간의 화목과 사랑이 결여되어 인간성마저 사라지게 하고 있다. 세계화 되어가는 세상에 영어가 필수라 하지만 영어시간을 조금 줄이고 도덕과 윤리교육, 인성교육을 늘려 메말라가는 현실을 따습게 보듬는 흐름이 있어야 하지 않을까 싶다.

J시에 재직하던 시절, 당시 시장은 청원조회 시 직원들에게 "유서를 쓰세요. 그것도 매일매일. 죽음을 생각지 말고 사는 동안 마음 깊이 자기반성을 하면서."라고 말한 적이 있다. 삶을 재조명하는 뜻에서 신앙적 바탕에 신념을 갖고 강조한 말이라고 생각한다. 당시에 이 말은 나에게 커다란 충격의 파동을 일으켰고 유서를 매일, 꼭 써야겠다고 마음 깊이 새겼다. 하지만 그 세월이 벌써 15년이나 흘러 오늘에 이르렀고 아직도 고백적 유서를 쓰지 못하고 있다.

석양은 하늘에서 내려준 그림이며, 저녁노을의 태양이 가장 아름다운 것인데 죽음에 이르는 황혼기에서도 매일 유서를 쓰면 인생의 새로운 시작이 전개될 것이다.

나이 40은 살아온 날과 살아갈 날의 중간 지점으로 얼굴에 책임을 지고 미리 유언장과 묘비명을 쓰라는 말이 있다. 마흔 살은 지나간 삶을 되짚어 보고 여생을 재조명해 보는 전환점이기 때문이라고 한다. 삶 자체가 자신의 자서전이라 생각하고 유서를 미리 매일매일 써 가면 어떻게 죽을 것인가보다는 현재를 어떻게 현명하게 대처할 것인가를 생각하는 깊은 해답이 나올 것이라 믿는다.

≪명심보감≫에 "많은 재물을 쌓아서 자식에게 물려준들 자식이 반드시 잘 간직할 수 있는 것이 아니다. 많은 책을 쌓아서 자식에게 물려준들 자식이 반드시 다 읽을 수 있는 것은 아니다. 차라리 남모르는 음덕을 쌓아서 자손을 위한 본보기로 삼아라."라는 글이 있다.

나이 들면 즐거움도 슬픔도 없어지게 마련이고 슬픔을 느낄 수 없다면 즐거움도 기쁨도 알 수 없다는데 칠순 가까운 나이에 지나온 삶을 반추하고 생에 대한 외경을 느끼며 미리 유서를 쓰면서 살고 싶다.

유언을 꼭 지키라고 유서를 쓰는 것이 아니다. 이 세상의 모든 만남은 이별을 하게 되어 있다. 이별은 소중한 것들을 잃을 수 있고 깊은 상처를 남길 수도 있다. 그러기에 삶의 과정들을 조명하면서 느끼고 생각한 것들을 펼치고 즐거운 마음으로 몸도 건강하고 마음도 건강하면서 그날이 올 때까지 사는 것이 바람직한 일이 아닐까.

죽음에 이르기 전부터 거짓없이 진정한 마음과 먼 인생길을 가는 구도자의 심정으로 매일매일 유서를 쓰면서 살다가 생을 마감한다면 멋있고 후회 없는 끝맺음이 되리라.

한무웅 수필집

채색된 삶의 숲

인쇄 2014년 11월 10일
발행 2014년 11월 15일

지은이 한무웅
발행인 서정환
펴낸곳 신아출판사
주소 전북 전주시 완산구 공북 1길 16(태평동 251-30)
전화 (063) 275-4000 · 0484 · 6374
팩스 (063) 274-3131
이메일 shina2347@naver.com sina321@hanmail.net
출판등록 제465-1984-000004호
인쇄 · 제본 신아출판사

저작권자 ⓒ 2014, 한무웅
이 책의 저작권은 저자에게 있습니다. 서면에 의한 저자의 허락없이 내용의 일부를 인용하거나 발췌하는 것을 금합니다.
COPYRIGHT ⓒ 2014, by Han Moowoong
All rights reserved including the rights of reproduction in whole or in part in any form.
저자와 협의, 인지는 생략합니다.
잘못된 책은 바꿔 드립니다.

ISBN 979-11-5605-148-0 03810
값 10,000원

이 도서의 국립중앙도서관 출판예정도서목록(CIP)은 서지정보유통지원시스템 홈페이지(http://seoji.nl.go.kr)와 국가자료공동목록시스템(http://www.nl.go.kr/kolisnet)에서 이용하실 수 있습니다.(CIP제어번호: CIP2014032191)

Printed in KOREA